나무야, 나무야

나무야, 나무야

글·그림 신영복

돌베개
1996

나무야 나무야

1996년 9월 12일 초판 1쇄 발행
2025년 10월 31일 초판 67쇄 발행

지은이 신영복
펴낸이 한철희
펴낸곳 주식회사 돌베개
등록 1979년 8월 25일 제406-2003-000018호
주소 (10881) 경기도 파주시 회동길 77-20 (문발동)
전화 (031) 955-5020
팩스 (031) 955-5050
홈페이지 www.dolbegae.co.kr
전자우편 book@dolbegae.co.kr

표지사진 주명덕, 본문사진 이승혁
표지 본문디자인 (주)끄레 어소시에이츠
인쇄 백산인쇄
제본 영신제책

© 신영복, 1996

KDC 814.6
ISBN 978-89-7199-093-3 03810

책값은 뒤표지에 있습니다.

책머리에

언덕에서 멀리 돌팔매를 하면 돌멩이는 둥글게 포물선을 그으며 떨어집니다.
공중에 둥근 포물선을 그으며 떨어지는 돌멩이를 보면서 그것은 지구가 공처럼 둥글기 때문이라고 생각하였습니다. 매우 쉬웠기 때문이었습니다.
바람개비를 손에 들고 달리면 바람개비가 돌아갑니다. 프로펠러처럼 돌아가는 바람개비를 손에 들고도 그것이 공기의 무게 때문이라는 말을 믿을 수 없었습니다.
매우 어려웠기 때문이었습니다.
어렸을 때의 일입니다만 지금도 생각을 그르치기는 마찬가지입니다.
그러나 그르치는 까닭이 지금은 단지 쉽고 어려움 때문이 아닙니다.
훨씬 더 많은 이유들이 우리를 둘러싸고 있습니다. 이러한 이유들을 덮어 둔 채 우리의 생각을 바로 세우기란 불가능하다고 믿습니다.

이 책에 실린 글은 1995년 11월부터 올해 8월까지 『중앙일보』에 연재했던 글입니다.
이유가 없지 않다고 하더라도 이미 발표된 글을 또 책으로 내놓기가 송구스럽습니다.
발표된 글을 다시 내놓을 때는 고쳐써야 한다고 생각합니다.
그러면서도 자구(字句)를 바로잡는 데 그쳤습니다. 책으로 만들어 내놓는 이유가
더욱 구차할 수밖에 없습니다. 필자 역시 멎어 있는 차에 앉아 있는 것 같습니다.

글을 쓰기 위해서 떠난 여행은 편한 것이 아니었습니다. 그리고 좋은 것도 아니라는 생각이 듭니다. 그런 부담 없이 다시 떠나보고 싶습니다. 그러면 글이 안 되는 곳에도 갈 수 있을 것 같습니다. 그러나 직접 가 본다는 것은 대단히 중요하다는 사실을 알 수 있었습니다. 가 보고는 생각이 달라지기도 하였습니다. 머리보다는 발이 더 잘 알고 있다는 말을 실감하였습니다. 이번 글은 주제를 먼저 정한 다음 그러한 주제를 잘 담고 있다고 생각되는 대상을 찾아가는 순서였습니다. 그러나 직접 가 보고 나서야 대상 선정이 잘못되었다는 것을 알고 되돌아온 경우도 많았습니다. 미리 만날 수 있는 방법이 궁금합니다.

짧은 글이라 어차피 많은 것을 담을 수도 없고 담으려고 하지도 않았습니다.
다만 화두(話頭)를 던지듯 쓰고자 하였습니다. 그랬는데도 군데군데 소용도 없는 욕심을 부린 곳이 눈에 띄어 민망스럽습니다. 욕심을 부릴 것이 아니라 욕심을 버릴 것을 그랬습니다.

그림도 글 쓰는 사람이 그린다면 글에 못다 담은 것을 보충할 수 있겠다 싶어서 무리인 줄 알면서도 직접 그림을 그렸습니다. 그림이 오히려 글을 더 어렵게 하거나 다른 곳으로 데려가 버리기도 하였습니다.
사진의 경우도 비슷한 이유로 이승혁 씨가 마음고생을 많이 하였습니다.

세상물정에 대한 이해도 부족하고 감각도 동떨어진 필자를 끝까지 내색하지 않고 견뎌주신 『중앙일보』 기획·편집진 여러분께 심려를 끼쳐드렸습니다.

현지에서 안내하고 도와주신 많은 분들께 이 자리를 빌어 다시 한번 감사드립니다. 그동안 직접·간접으로 성원해주신 독자들께 감사드립니다.

하고 싶은 말을 다 쓰지는 못하였습니다. 그러나 쓰고 싶지 않은 말을 쓰지는 않으려고 하였습니다. 옥중에서 검열을 염두에 두고 엽서를 적을 때와 비슷한 마음이 되기도 하였습니다.
우문현독(愚文賢讀)을 바랍니다.

1996년 여름 볕내낡골에서

신 영 복

차례

12　청년들아 나를 딛고 오르거라
　　얼음골 스승과 허준

19　우리가 헐어야 할 피라미드
　　반구정과 압구정

24　당신이 나무를 더 사랑하는 까닭
　　소광리 소나무숲

30　비극은 그 아픔을 정직한 진실로 이끌어줍니다
　　허난설헌의 무덤

36　진리는 간 데 없고 '색'만 어지러이
　　백담사의 만해와 일해

42　미완은 반성이자 새로운 시작입니다
　　모악산의 미륵

48　일몰 속에서 내일의 일출을 바라봅니다
　　하일리의 저녁노을

54　빛은 어둠을 만들고 어둠은 빛을 드러냅니다
　　이어도의 아침해

60　한아름 벅찬 서울 껴안고 아파합니다
　　북한산의 사랑

66　눈이 달린 손은 생각하는 손입니다
　　천수관음보살의 손

72　꽃잎 흩날리며 돌아올 날 기다립니다
　　잡초에 묻힌 초등학교

78　어리석은 자의 우직함이 세상을 조금씩 바꿔갑니다
　　온달산성의 평강공주

84　'역사를' 배우기보다 '역사에서' 배워야 합니다
　　단종의 유배지 청령포

90	드높은 삶을 지향하는 진정한 합격자가 되십시오	
	새 출발점에 선 당신에게	
95	광화문의 동상 속에는 충무공이 없습니다	
	한산섬의 충무공	
100	헛된 시비 등지고 새 시대 예비한 고뇌	
	가야산의 최치원	
106	빼어남보다 장중함 사랑한 우리 정신사의 '지리산'	
	남명 조식을 찾아서	
112	목표의 올바름을 선(善)이라 하고	
	목표에 이르는 과정의 올바름을 미(美)라 합니다	
	섬진강 나루에서	
118	가부좌의 한 발을 땅에 내리고 있는 부처를 아십니까	
	백흥암의 비구니 스님	
124	진정한 지식과 정보는 오직 사랑을 통해서만 얻을 수 있습니다	
	석양의 북한강에서	
130	사람과 산천 융화하는 우리 삶의 원형	
	강릉 단오제에서	
136	평등은 자유의 최고치입니다	
	평등의 무등산	
142	우리의 삶을 훌륭한 예술품으로 훈도해줄 가마는 없는가	
	이천의 도자기 가마	
148	역사는 과거로 떠나는 여정이 아니라 현재의 과제로 돌아오는 귀환입니다	
	꿈꾸는 백마강	
154	강물의 끝과 바다의 시작을 바라보기 바랍니다	
	철산리의 강과 바다	

어리석은 자의 우직함이 세상을 조금씩 바꿔갑니다.

청년들아 나를 딛고 오르거라
얼음골 스승과 허준

이 엽서는 고향의 산기슭에서 띄웁니다.

스승 유의태가 제자 허준으로 하여금 자신의 시신을 해부하게 하였던 골짜기입니다.

소설『동의보감』의 바로 그 얼음골입니다.

오뉴월 삼복에는 얼음으로 덮이고 겨울에는 오히려 더운 물이 흐르는 계곡입니다.

인체의 해부가 국법으로 금지돼 있던 시절, 스승은 이 얼음골로 제자 허준을
불러들였던 것입니다.

스승의 부름을 받고 찾아간 허준의 앞에는 왕골자리에 반듯이 누운 채 자진(自盡)한
스승의 시체와 시체 옆에 남겨진 유서가 황촉불에 빛나고 있었습니다.

사람의 병을 다루는 자가 신체의 내부를 모르고서 생명을 지킬 수 없기에
병든 몸이나마 네게 주노니 네 정진의 계기로 삼으라고 적은 유서.

그 앞에 무릎을 꿇어앉은 허준.

의원의 길을 괴로워하거나, 병든 이를 구하기를 게을리하거나,
이를 빙자해 돈이나 명예를 탐하거든 어떠한 벌이라도 달게 받을 것을
맹세한 다음 스승의 시신을 칼로 가르던 허준의 모습이 어둠 속에서
되살아나는 듯합니다.

오늘은 그날의 횃불 대신 타는 듯한 단풍이 어둠을 밝히고 있습니다.

나는 바위너덜에 앉아 생각했습니다. 소설 속의 유의태와

허준의 이야기는 물론 소설가가 그려낸 상상의 세계이며, 사실이 아닐 수도 있습니다.

그러나 그것이 비록 사실은 아니라 하더라도 '진실' 임에는 틀림없다고 믿습니다.

사실이라는 그릇은 진실을 담아내기에는 언제나 작고 부족한 것이기 때문입니다.

내가 20년의 징역살이와 7년여의 칩거 후에 가장 먼저 찾아온 곳이 이곳 얼음골이라는

사실이 내게도 잘 설명이 되지 않습니다.

갇힌 사람들에게 '출소' 의 가장 큰 의미는 '독보' (獨步)입니다.

혼자서 다닐 수 있는 권리를 그곳에서는 '독보권' 이라 하였습니다.

가고 싶은 곳에 혼자서 갈 수 있다는 것은 참으로 가슴 설레는 해방감이었습니다.

이제 어머님에 이어 홀로 남아 계시던 아버님마저 세상을 떠나셨습니다.

나는 차라리 허전한 마음으로 기차를 타고 무작정 떠나왔습니다.

오뉴월이 아닌 가마볼 얼음골에는 이미 얼음이 없었습니다.

그러나 그것은 그리 중요한 일이 아닙니다.

스승과 제자가 서로를 처절하게 승계하는 현장에서 나는 배우고 가르치는

일의 엄정함 하나만으로도 가슴 넘치는 감회를 금할 수 없습니다.

우리는 어차피 누군가의 제자이면서 동시에 스승이기도 합니다.

이 배우고 가르치는 이른바 사제의 연쇄를 더듬어 확인하는 일이 곧 자신을 정확하게

통찰하는 길이라 생각합니다.

스승 유의태가 제자 허준으로 하여금 인술 정진의 계기로 삼으라며 자신의 시신을 해부하게 했던 경남 밀양의 천황산 얼음골.

중학교 때든가 나는 이곳에 아버님을 따라온 적이 있습니다.
여든일곱에 440여 쪽의 책을 출간하시고 여든여덟에 세상을 떠나신 아버님이
생각납니다. 아버님은 그 책에서 사람은 그 부모를 닮기보다 그 시대를
더 많이 닮는다고 하였지만 내가 고향에 돌아와 맨 처음 느낀 것은 사람은 먼저
그 산천을 닮는다는 발견이었습니다.
산의 능선은 물론 나무와 흙빛까지 그토록 친근할 수가 없었습니다.
신토불이(身土不二)란 말이 세계무역기구(WTO)체제 이후 한낱 광고문안으로
왜소화되어버렸지만 어린 시절의 산천이 바로 자신의 정서적 모태가 되고 있다는
깨달음이었습니다.

산천과 사람, 스승과 제자의 원융(圓融).
이것이 바로 삶의 가장 보편적인 모습이 아닐까 생각됩니다.

어둠에 묻혀가는 얼음골 위로 석양을 받아 빛을 발하고 있는 암봉(巖峰)이 문득
허준의 얼굴처럼 보이기도 하고 스승 유의태의 얼굴처럼 다가오기도 합니다.
『동의보감』의 찬술을 명한 왕의 교서에 다음과 같은 구절이 있습니다.
"우리나라에서 많이 나는 약재를 자세하게 적어서 지식이 없는 사람, 가난한 사람들도
쉽게 이해할 수 있고 누구나 병을 고칠 수도 있도록 하여야 한다."
이 글에 나타난 민족의식과 백성들에 대한 애정은 선조왕의 것이 아니라
허준의 마음이고 허준을 가르친 스승의 뜻이라고 생각됩니다.
『동의보감』의 찬술 자체가 허준의 기획이었고, 허준의 집필이었음에 틀림없다고
할 수 있습니다.
더구나 『동의보감』의 완성은 오로지 허준 혼자만의 외로운 작업이었고
그나마 절해고도의 유배지에서 이루어졌기 때문입니다. 300년 후 이제마(李濟馬)의
사상의학이 나오기까지 우리 풍토와 체질에 맞는 유일한 의학서로서 수많은 사람들의
목숨을 구해낸 책이었습니다.
『동의보감』 외에도 허준이 심혈을 기울인 저술은 대부분이 난해한 전문서적을 한글로
쉽게 풀어쓰는 일이었습니다. 서출인 의원 허준에 대한 선조의 파격적인 가자(加資)는
이와 같은 허준의 백성에 대한 애정과 경륜을 높이 사서 내린 것이라 짐작됩니다.
나는 얼음골에 쌓이는 어둠 속에 앉아서 한 사람의 허준이 있기까지
그의 성장을 위하여 바쳐진 수많은 사람의 애정과 헌신에 대하여 생각하였습니다.

한 송이의 금빛 국화가 새벽이슬에 맑게 피어나기 위하여
간밤의 무서리가 내리더라는 백거이(白居易)의 시 「국화」가 생각납니다.
'청년들아 나를 딛고 오르거라' 던 노신의 얼굴이 떠오르기도 하였습니다.
옛날의 어머니들은 자기가 무엇이 되겠다는 생각보다는 저마다 누군가의 자양이
되는 것을 삶으로 생각하였습니다. 그래서 자모(慈母)라 하였습니다.
사람과 사람의 연쇄 가운데에다 자신을 세우기보다는 한 벌의 패션 의상과
화려한 언술로 자기를 실현하고, 또 자기를 숨기려 하는 것이 오늘의 문화입니다.
당신의 장탄식이 들리는 듯합니다. 무수한 상품의 더미와 그 상품들이 만들어내는
미학에 매몰된 채 우리는 다만 껍데기로 만나고 있을 뿐이라던 당신의 말이 생각납니다.
정작 두려운 것은 그러한 껍데기를 양산해내고 있는 '보이지 않는 손'을 잊고 있는
것이라 할 것입니다.

고매한 도덕적 언어들이 수천억 원의 부정한 축재로 여지없이 무너져내리는
이 위선의 계절에 우리는 과연 무엇으로 가르치고 무엇으로 배우는가 하는 생각이
얼음골의 차가운 교훈으로 남습니다.
알튀세르는 연극이란 새로운 관객의 생산이라고 하였습니다.
관람을 완성하기 위하여, 삶 속에서 완성하기 위하여, 그 미완성의 의미를
추구하기 시작하는 배우의 생산이라고 하였습니다.
우리는 무대 위를 걷든, 객석에 앉아 있든 어차피 삶의 현장으로 돌아와 저마다
그 미완성의 의미를, 그 침묵과 담론의 완성을 천착해가는 사람들 속을 걸어갈 수밖에
없다고 생각됩니다.

화사한 언어의 요설이 아니라 결국은 우리의 앞뒤좌우에 우리와 함께 걸어가는 수많은 사람들의 삶으로써 깨닫고, 삶으로써 가르칠 뿐이라 믿습니다. 여느 해보다 청명하고 길었던 가을이 끝나고 있습니다. 등 뒤에 겨울을 데리고 있어서 가을을 즐기지 못한다던 당신의 추운 겨울이 다가오고 있습니다.

우리가 헐어야 할 피라미드
반구정과 압구정

파주에서 서쪽으로 시오리 임진강가에 반구정(伴鷗亭)이라는 작은 정자가 있습니다.
세종조의 명상이며 청백리의 귀감인 방촌 황희(厖村 黃喜) 정승의 정자입니다.
18년간의 영상직을 치사(致仕)하고 90세의 천수를 다할 때까지
이름 그대로 갈매기를 벗하며 그의 노년을 보낸 곳입니다.
단풍철도 지난 초겨울이라 찾는 사람도 없어 한적하기가 500년 전 그대로다 싶었습니다.
당신은 아마 똑같은 이름의 정자를 기억할 것입니다.
서울 강남의 압구정(狎鷗亭)이 그것입니다. 압구정은 세조의 모신(謀臣)이던
한명회(韓明澮)가 그의 호를 따서 지은 정자입니다. 반구정의 '반'(伴)과
압구정의 '압'(狎)은 글자는 비록 다르지만 둘 다 '벗한다'는 뜻입니다.
이 두 정자는 다같이 노재상이 퇴은하여 한가로이 갈매기를 벗하며 여생을 보내던
정자입니다만 남아 있는 지금의 모습은 참으로 판이합니다.
반구정이 지금도 갈매기를 벗하며 철새들을 맞이하고 있음에 반하여 압구정은 이미
그 자취마저 없어지고 현대아파트 72동 옆의 작은 표석으로 그 유허임을 가리키고
있을 따름입니다.

정자의 주인인 황희 정승과 한명회의 일생만큼이나 극적인 대조를 보인다는
생각이 들었습니다. 두 사람 모두 일인지하 만인지상이라는 영상의 자리에 올랐던
재상이었음에도 불구하고 한 사람은 언제나 명상(名相) · 현상(賢相)의 이름으로
칭송되는가 하면 또 한 사람은 권신(權臣) · 모신(謀臣)의 이름으로 역사에
남아 있기 때문입니다.

세종조의 찬란한 업적 뒤에는 언제나 황희 정승의 보필이 있었으되
사람들은 오히려 그를 몽매하다고 할 만큼 눈에 띄지 않는 자리에 있었고,
심지어는 물러나 임진강가에서 야인어부들과 구로(鷗鷺)를 길들일 때에도
그가 당대의 재상이었음을 아무도 몰랐을 정도였습니다.

한명회는 그의 두 딸을 왕비로 들이고 정난공신 1등, 익대공신 1등 등
네 차례나 1등 공신이 되지만 그 뒤에는 언제나 쿠데타와 모살과 옥사(獄事)가 도사리고
있었습니다. 후에 신원되기는 하였지만 부관참시(剖棺斬屍)의 화를 입은
권력자였습니다.

황희 정승은 두문동에 은거하기도 하고 유배되기도 하지만 언제나
자신의 원칙에 따라 진퇴했던 반면, 한명회는 스스로 실력자에게 나아가 그를
앞질러 헤아리고 처리해나간 모신이었습니다.

두 사람에게 얽힌 일화도 판이하기는 마찬가지입니다.

황희 정승의 집안 노비 두 사람이 서로 다투다가 그를 찾아와 서로 상대방의 잘못을
일러바치자 사내종에게도 '네 말이 옳다' 계집종에게도 '네 말이 옳다' 하며
돌려보냈다고 합니다. 이를 지켜보던 부인이 그 무정견을 나무라자 '부인의 말도 옳다' 고
했다는 일화는 잘 알려진 이야기입니다.

언언시시(言言是是) 정승이라 불릴 정도로 그는 시(是)를 말하되
비(非)를 말하기를 삼갔고, 소절(小節)에 구애되기보다 대절(大節)을 지키는
재상이었다고 합니다.
황희 정승이 겸허하고 관후한 일화의 주인공으로 회자됨에 비하여 한명회에 관한
일화는 그와 정반대인 것이 대부분입니다.
생육신의 한 사람인 김시습이 강정(江亭)에 걸려 있는 한명회의 '청춘부사직
백수와강호'(青春扶社稷 白首臥江湖)라는 시구의 부(扶)를 망(亡)으로, 와(臥)를
오(汚)로 고쳐써서 '젊어서는 사직을 망치고 늙어서는 강호를 더럽힌다'는 뜻으로
바꾸어버린 일화는 유명합니다. 사람들은 한명회가 대로(大怒)하여 이를 찢어버렸다는
후일담까지 곁들여놓았습니다.

차로 2시간도 채 못되는 거리에 남아 있는 반구정과 압구정의 차이가
이와 같습니다. 그것은 물론 그 인품의 차이만이 아닐 수도 있습니다.
황희가 문화통치기의 재상이었고, 한명회는 의정부 중심의 합의제를 타파하고
강력한 왕권체제로 회귀하던 시기의 재상이라는 정치체제상의 차이로
이해할 수도 있습니다. 상황의 차이로 환원시킬 수도 있습니다.
그러나 우리가 잊지 말아야 할 것은 '정치란 사회의 잠재적 역량을 최대한으로
조직해내고 키우는 일'이라는 것입니다. 권력의 창출 그 자체는 잠재적 역량의 계발과
무관하거나 오히려 그 반대라고 생각합니다.

피라미드의 건설이 정치가 아니라
피라미드의 해체가 정치라는 당신의 글귀를
이해할 수 있습니다. 땅을 회복하고
노역을 해방하기 위해서는 먼저 모든 형태의 피라미드를 허물어야 한다고
믿기 때문입니다.
역사는 우리가 맡기지 않더라도 어김없이 모든 것을 심판하기 마련입니다.
우리의 몫은 우리가 내려야 할 오늘의 심판일 따름입니다.
반구정과 압구정의 남아 있는 모습이 그대로 역사의 평가는 아니라 하더라도
우리는 그것의 차이가 함의하는 언어를 찾아야 한다고 믿습니다.
우리가 해체해야 할 피라미드는 과연 무엇인지, 우리가 회복해야 할 땅과 노동은
무엇인지를 헤아려야 할 것입니다.
압구정이 콘크리트 더미 속 한 개의 작은 돌멩이로 왜소화되어 있음에 반하여
반구정은 유유한 임진강가에서 이름 그대로 갈매기를 벗하고 있습니다.
나는 바람 부는 반구정에 앉아서 임진강의 무심한 물길을 굽어보았습니다.
분단의 제거야말로 민족의 역량을 최대화하는 최선의 정치임을 이야기하는 듯
반구정은 오늘도 남북의 산천과 남북의 새들을 벗하고 있었습니다.

당신이 나무를 더 사랑하는 까닭
소광리 소나무숲

오늘은 당신이 가르쳐준 태백산맥 속의 소광리 소나무숲에서 이 엽서를 띄웁니다.
아침 햇살에 빛나는 소나무숲에 들어서니 당신이 사람보다 나무를 더 사랑하는 까닭을
알 것 같습니다.
200년 300년, 더러는 500년의 풍상을 겪은 소나무들이 골짜기에 가득합니다.
그 긴 세월을 온전히 바위 위에서 버티어온 것에 이르러서는 차라리 경이였습니다.
바쁘게 뛰어다니는 우리들과는 달리 오직 '신발 한 켤레의 토지'에 서서
이처럼 우람할 수 있다는 것이 충격이고 경이였습니다.
생각하면 소나무보다 훨씬 더 많은 것을 소비하면서도 무엇 하나
변변히 이루어내지 못하고 있는 나에게 소광리의 솔숲은 마치 회초리를 들고 기다리는
엄한 스승 같았습니다.

어젯밤 별 한 개 쳐다볼 때마다 100원씩 내라던 당신의 말이 생각납니다.
오늘은 소나무 한 그루 만져볼 때마다 돈을 내야겠지요. 사실 서울에서는 그보다
못한 것을 그보다 비싼 값을 치르며 살아가고 있다는 생각이 듭니다.
언젠가 경복궁 복원공사현장에 가 본 적이 있습니다. 일제가 파괴하고 변형시킨
조선 정궁의 기본 궁제를 되찾는 일이 당연하다고 생각하였습니다.

그러나 막상 오늘 이곳 소광리 소나무숲에 와서는 그러한 생각을 반성하게 됩니다.
경복궁의 복원에 소요되는 나무가 원목으로 200만 재, 11톤 트럭으로 500대라는
엄청난 양이라고 합니다.
소나무가 없어져가고 있는 지금에 와서도 기어이 소나무로 복원한다는 것이
무리한 고집이라고 생각됩니다. 수많은 소나무들이 베어져 눕혀진 광경이라니
감히 상상할 수가 없습니다. 그것은 이를테면 고난에 찬 몇 백만 년의 세월을
잘라내는 것이나 마찬가지입니다.

우리가 생각 없이 잘라내고 있는 것이 어찌 소나무만이겠습니까.
없어도 되는 물건을 만들기 위하여 없어서는 안될 것들을 마구 잘라내고 있는가 하면
아예 사람을 잘라내는 일마저 서슴지 않는 것이 우리의 현실이기 때문입니다.
우리가 살고 있는 이 지구 위의 유일한 생산자는 식물이라던 당신의 말이 생각납니다.
동물은 완벽한 소비자입니다. 그 중에서도 최대의 소비자가 바로 사람입니다.
사람들의 생산이란 고작 식물들이 만들어놓은 것이나 땅 속에 묻힌 것을 파내어
소비하는 것에 지나지 않습니다. 쌀로 밥을 짓는 일을 두고 밥의 생산이라고
할 수 없는 것이나 마찬가지입니다. 생산의 주체가 아니라 소비의 주체이며
급기야는 소비의 객체로 전락되고 있는 것이 바로 사람입니다.
자연을 오로지 생산의 요소로 규정하는 경제학의 폭력성이 이 소광리에서만큼
분명하게 부각되는 곳이 달리 없을 듯합니다.

산판일을 하는 사람들은 큰 나무를 베어낸 그루터기에 올라서지 않는 것이 불문율로
되어 있다고 합니다. 잘린 부분에서 올라오는 나무의 노기가 사람을 해치기 때문입니다.
어찌 노하는 것이 소나무뿐이겠습니까. 온 산천의 아우성이 들리는 듯합니다.
당신의 말처럼 소나무는 우리의 삶과 가장 가까운 자리에서 우리와 함께 풍상을 겪어온
혈육 같은 나무입니다. 사람이 태어나면 금줄에 솔가지를 꽂아 부정을 물리고 사람이
죽으면 소나무 관 속에 누워 솔밭에 묻히는 것이 우리의 일생이라 하였습니다.
그리고 그 무덤 속의 한을 달래주는 것이 바로 은은한 솔바람입니다.
솔바람뿐만이 아니라 솔빛·솔향 등 어느 것 하나 우리의 정서 깊숙이 들어와
있지 않는 것이 없습니다. 더구나 소나무는 고절(高節)의 상징으로
우리의 정신을 지탱하는 기둥이 되고 있습니다. 금강송의 곧은 둥치에서뿐만 아니라
암석지의 굽고 뒤틀린 나무에서도 우리는 곧은 지조를 읽어낼 줄 압니다.
오늘날의 상품미학과는 전혀 다른 미학을 우리는 일찍부터 가꾸어놓고 있었습니다.

나는 문득 당신이 진정 사랑하는 것이 소나무가 아니라 소나무 같은 '사람'이라는
생각이 들었습니다. 메마른 땅을 지키고 있는 수많은 사람들이란 생각이 들었습니다.
문득 지금쯤 서울거리의 자동차 속에 앉아 있을 당신을 생각했습니다.
그리고 외딴 섬에 갇혀 목말라 하는 남산의 소나무들을 생각했습니다.
남산의 소나무가 이제는 더이상 살아남기를 포기하고 자손들이나 기르겠다는 체념으로
무수한 솔방울을 달고 있다는 당신의 이야기는 우리를 슬프게 합니다.

수백년 풍상을 겪어온 소나무숲. 소나무는 우리의 삶과 가장 가까운 혈육과 같은 나무다.

더구나 그 솔방울들이 싹을 키울 땅마저 황폐해버렸다는 사실이 우리를 더욱
암담하게 합니다.
그러나 그보다 더 무서운 것이 아카시아와 활엽수의 침습이라니 놀라지 않을 수
없습니다. 척박한 땅을 겨우겨우 가꾸어놓으면 이내 다른 경쟁수들이 쳐들어와
소나무를 몰아내고 만다는 것입니다.
무한경쟁의 비정한 논리가 뻗어오지 않는 곳이 없습니다.

나는 마치 꾸중 듣고 집 나오는 아이처럼 산을 나왔습니다.

솔방울 한 개를 주워들고 내려오면서 생각하였습니다.

거인에게 잡아먹힌 소년이 솔방울을 손에 쥐고 있었기 때문에 다시 소생했다는 신화를 생각하였습니다.

당신이 나무를 사랑한다면 솔방울도 사랑해야 합니다.

무수한 솔방울들의 끈질긴 저력을 신뢰해야 합니다.

언젠가 붓글씨로 써드렸던 글귀를 엽서 끝에 적습니다.

"처음으로 쇠가 만들어졌을 때 세상의 모든 나무들이 두려움에 떨었다.

그러나 어느 생각 깊은 나무가 말했다. 두려워할 것 없다.

우리들이 자루가 되어주지 않는 한 쇠는 결코 우리를 해칠 수 없는 법이다."

비극은 그 아픔을 정직한 진실로 이끌어줍니다
허난설헌의 무덤

강원도 명주군 사천리에 있는 애일당(愛日堂) 옛터를 다녀왔습니다.

이곳은 당대 최고의 논객으로서 그리고 소설『홍길동』의 작가로서 널리 알려진

교산 허균(蛟山 許筠)이 태어난 곳입니다.

지금은 작은 시비 하나가 그 사람과 그 장소를 증거하고 있을 뿐이지만

시비에 새겨진 누실명(陋室銘)의 한 구절처럼 정작 허균 자신은 그곳을 더없이 흡족한

처소로 여기고 있음에 틀림없다는 생각이 들었습니다.

명문가의 자제로 태어나 환로(宦路)에서 기방(妓房)에 이르기까지 그리고 두량 넓은

학문의 세계로부터 모반의 동굴에 이르기까지 그가 넘나들지 않은 경계는 없었습니다.

당대 사회의 모순을 꿰뚫고 지나간 한 줄기 미련 없는 바람이었습니다.

비극적인 그의 최후에도 불구하고 양지 바른 언덕과 시원하게 트인 바다, 그 어디에도

회한의 흔적을 느낄 수 없었습니다.

이상한 일이었습니다. 애일당 옛터에서 마음에 고이는 것은 도리어 그의 누님인

허난설헌(許蘭雪軒)의 정한(情恨)이었습니다. 조선에서 태어난 것을 한하고

여자로 태어난 것을 한하던 그녀의 아픔이었습니다.

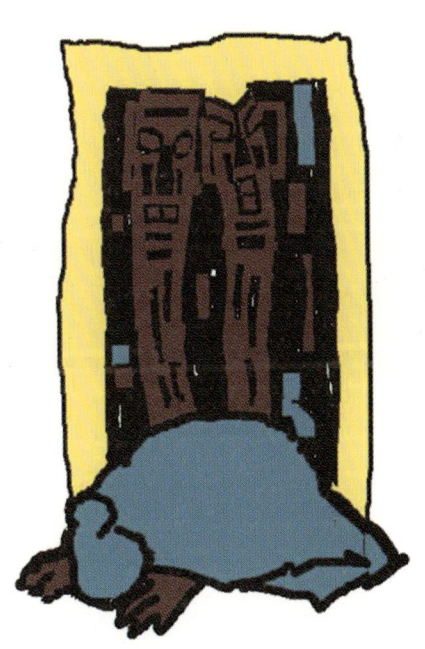

경기도 광주군 초월면 지월리에 있는 허난설헌 무덤. 자동차 소음이 쉴새없이 할퀴고 지나가는 가파른 언덕 위에서 남편과 함께 묻히지도 못한 채 먼저 보내고 가슴 아파했던 두 아이의 무덤을 보듬고 있다.

그러나 허난설헌의 무덤을 찾을 결심을 한 것은 오죽헌을 돌아나오면서였습니다. 오죽헌은 당신이 잘 아시는 바와 같이 율곡(栗谷)과 그 어머니인 사임당(思任堂) 신씨를 모신 곳입니다. 사임당은 마침 은은한 국화향기 속에 앉아 돌층계 위 드높은 문성사(文成祠)에 그 아들인 율곡을 거두어두고 있었습니다.

율곡 선생은 조선조 최대의 정치가이자 학자로서 겨레의 사표임에 틀림이 없고 그를 길러낸 사임당 역시 현모의 귀감임에는 틀림없습니다. 봉건적 미덕의 정점을 확인케 하는 성역이었습니다.

극화(極化)된 엘리트주의가 곧 반인간주의라고 할 수는 없지만 그곳은 분명 어떤 정점이었습니다.

나는 교산을 찾아보고 오리라던 강릉행을 서둘러 거두어 서울로 돌아온 다음
오늘 새벽 일찍이 난설헌 허초희(許楚姬)의 무덤을 찾아나섰습니다.
경기도 광주군 초월면 지월리. 자욱한 새벽 안개 속을 물어 물어 찾아왔습니다.
오죽헌과는 달리 허난설헌의 무덤은 우리의 상투적이고 즉각적인 판단이나
신빙성이 있어 보이는 판단에서 한 발 물러나 그것들을 다시 바라보게 합니다.

당신이 힘들게 얻어낸 결론이 '여성에게 가해지는 차별과 억압의 철폐는 사회의
근본적인 모순을 드러내는 일과 직접 맞물려 있다'는 것이라면, 그리고 한 시대의
정점에 오르는 성취가 아니라, 그 시대의 아픔에 얼마만큼 다가서고 있는가 하는 것이
그의 생애를 읽는 기준이 되어야 한다면 당신은 이곳 지월리에도 와야 합니다.
사랑했던 오라버니의 유배와 죽음 그리고 존경했던 스승 이달(李達)의 좌절,
동시대의 불행한 여성에 대하여 키워온 그녀의 연민과 애정, 남편의 방탕과 학대
그리고 연이은 어린 남매의 죽음, 스물일곱의 짧은 삶으로 감당하기에는
너무나 육중한 것이었습니다.

사임당의 고아한 화조도(花鳥圖)에서는 단 한점도 발견할 수 없었던
봉건적 질곡의 흔적이 난설헌의 차가운 시비(詩碑) 곳곳에 점철되어 있었습니다.
개인의 진실이 그대로 역사의 진실이 될 수는 없습니다. 자연마저 인공적으로
만들어놓음으로써 대리현실을 창조하는 문화 속에서 우리가 역사를 제대로 만날 수
있기는 갈수록 더욱 어렵다고 생각합니다.

뿐만 아니라 모든 가치가 해체되고, 자신은 물론 자식과 남편마저 '상품'이라는 교환가치형태로 갖도록 강요되는 것이 오늘의 실상이고 보면 아픔과 비극의 화신인 난설헌이 설 자리를 마련하기는 불가능한 일인지도 모릅니다.

자기의 시대를 고뇌했던 사람에 대한 평가는 그 시대가 청산되었는가 아닌가에 따라서 당연히 달라질 수밖에 없다는 당신의 말이 옳습니다.
역사의 진실은 항상 역사서의 둘째권에서 다루어지기 때문입니다.
그러나 오죽헌을 들러 지월리에 이르는 동안 적어도 내게는 우리가 역사의 다음 장을 살고 있다는 사실이 문득 의심스러워집니다.

시대의 모순을 비켜간 사람들이 화려하게 각광받고 있는 우리의 현재에 대한 당신의 실망을 기억합니다. 사임당과 율곡에 열중하는 오늘의 모정에 대한 당신의 절망을 기억합니다. 단단한 모든 것이 휘발되어 사라지고 디즈니랜드에 살고 있는 디오니소스처럼 '즐거움을 주는 것'만이 신격의 숭배를 받는 완강한 장벽 앞에서 작은 비극 하나에도 힘겨워하는 당신의 좌절을 기억합니다.

그러나 그렇기 때문에 당신은 지월리로 오시기 바랍니다.
어린 남매의 무덤 앞에 냉수 떠놓고 소지 올려 넋을 부르며 "밤마다 사이좋게 손잡고 놀아라"고 당부하던 허초희의 음성이 시비에 각인되어 있습니다.

완전히 새로운 감수성과 시대가 선포되고 과거와 함께 현재의 모순까지 묻혀져가는 오늘의 현실에 맞서서 진정한 인간적 고뇌를 형상화하는 작업보다 우리를 힘있게 지탱해주는 가치는 없다고 믿습니다.

중부고속도로를 질주하는 자동차의 소음이 쉴새없이 귓전을 할퀴고 지나가는 가파른 언덕에 지금은 그녀가 그토록 가슴 아파했던 두 아이의 무덤을 옆에서 지키고 있습니다.
정승 아들을 옆에 거두지도 못하고, 남편과 함께 묻히지도 못한 채 자욱한 아침 안개 속에 앉아 있습니다.
열락(悅樂)은 그 기쁨을 타버린 재로 남기고 비극은 그 아픔을 정직한 진실로 이끌어준다던 당신의 약속을 당신은 이곳 지월리에서 지켜야 합니다.

진리는 간 데 없고 '색'만 어지러이
백담사의 만해와 일해

 백담사의 밤은 칠흑 같았습니다.

나는 그 깊은 어둠 속에 누워 세상 모르고 잠들어 있었던가 봅니다.

얼마나 잤을까 난데없는 총소리에 소스라쳐 일어나 법당 밖으로 뛰쳐나왔습니다.

그러나 바깥에는 아무 일도 없었습니다. 교교한 달빛 아래 노스님 한 분이

비를 들고 돌계단을 쓸고 있을 뿐 적막강산이었습니다.

"스님, 분명히 총소리가 울렸었는데요."

"그건 총소리가 아니라 대숲이 불타는 소리야."

"대숲이 불타는 소리?"

나는 절 주위를 바라보았습니다. 대숲은 보이지 않고 정정한 소나무숲이 백담사를

두르고 있었습니다.

당신은 아마 내가 꾼 꿈을 엽서에 적고 있다고 생각할 것입니다.

나도 너무 무섭고 황당하여 이건 분명 꿈이라고 몇 번이나 다짐하면서 스스로

안도하려 했는지도 모릅니다. 스님은 나를 쳐다보지도 않고 긴 대빗자루로 천천히

돌계단을 쓸고 있을 뿐이었습니다.

절 마당을 사이에 두고 서로 건너다보고 있는 만해 한용운의 시비와 일해 전두환의 '극락보전' 편액.

"스님, 쓸고 계시는 것이 무엇입니까."

"피야! 피! 밤마다 대숲이 불타고 피가 떨어지지."

스님의 음성은 멀리서 들려오는 듯 낮고 삭막한 것이었습니다.

나는 고개를 들어 잿빛 하늘에 거대한 검은 날개를 펴고 있는 법당을 올려다보았습니다.

날아갈 듯한 처마 밑으로 법당의 반듯한 이마에 커다란 편액(扁額)이 걸려 있었습니다.

'極 樂 寶 殿'(극락보전).

피는 이 편액의 글씨에서 떨어지고 있었습니다. 그러나 이상한 일이었습니다.

돌계단에 떨어지고 있는 것은 붉은 피가 아니라 검은 먹물이었습니다.

"스님, 이것은 피가 아닙니다. 세상에 검은 피가 어디 있습니까."

"검은 피를 모른다고? 세상에는 흰 피와 검은 피밖에 없는 거야."

나로서는 도무지 납득이 가지 않았습니다. 다시 한번 편액을 올려다보았습니다.

그런데 양각된 편액의 글씨는 흰 색도 검은 색도 아닌 붉은 색이었습니다,

"스님, 편액을 붉은 글씨로 쓰다니 그런 법도 있습니까?"

"그럼 자네가 그린 묵죽(墨竹)처럼 새카만 대나무도 있다더냐? 색은 마음이 보는 것. 세상에는 흰 색과 검은 색밖에 없는 것이야. 선(善)이 아니면 악(惡)이야. 중간은 없어."

"그렇지만 스님, 스펙트럼에는 흑과 백이 없지 않습니까?"

"아무렴 없지. 흑과 백은 아예 색이 아니야. 색을 본다는 것은 우산을 먼저 보고 비를

나중 보는 어리석음이야. 색은 흑백을 풍부하게 하는 데다 써야 하는 거야.

그렇지 않으면 사람을 흘리고 어지럽게 할 뿐이야. '진리' 는 없고 '진리들' 만 난무하게

되는 것이야."

당신의 말이 떠올랐습니다. 사람의 눈동자는 95%가 흑백을 인식하는 세포로

구성되어 있고 색깔을 인식하는 부분은 불과 5%에 불과하다는 당신의 말이

떠올랐습니다. 어느새 스님도 어디론가 사라지고 백담사 너른 절마당에는

나 혼자만 서 있었습니다.

그때였습니다. 어디선가 긴 신음소리가 나를 동이려는 듯 흘러나왔습니다.

나는 귀를 막았습니다. 그리고 한시바삐 이곳을 벗어나야 한다는 생각으로 서둘러

뒷걸음질쳤습니다. 바로 그때 '쩡' 하고 얼음장이 갈라지는 소리와 함께

무거운 돌이 나의 등을 내리쳤습니다. 나는 어깨를 싸쥐고 비명을 지르며

굴렀습니다. 거대한 석상이 손에 죽비를 들고 쓰러진 나를 내려다보고 있었습니다.

아! 꿈이었습니다.

'그만 일어나세요.' 이군이 나의 어깨를 흔들고 있었습니다.

나는 사방을 휘둘러보았습니다. 백담사는 꿈속에서처럼 적막하였습니다.

나는 천천히 일어나 꿈속의 일들을 확인하기 위하여 편액 아래로 다가갔습니다.

아래에서 올려다보는 법당의 지붕은 더욱 웅장하였습니다. 그 빼어난 처마의 끝은

설악의 상봉을 어루만지고 있었습니다.

'極 樂 寶 殿'.

꿈속에서 핏방울을 떨어뜨리고 있던 편액의 글씨를 한자 한자 읽어나갔습니다.

나는 거기 찍혀 있는 낙관을 보고 놀라지 않을 수 없었습니다.

일해 전두환(日海 全斗煥).

전두환 전대통령의 필적이었습니다. 따로 방서(傍書)를 하지 않고 전서(篆書)로 된 낙관만 찍혀 있어서 얼른 알아보기가 어려웠지만 전두환 전대통령의 글씨였습니다.

아마 6공화국이 시작되면서 이곳에 은거하는 동안 써서 걸었던 편액이 틀림없었습니다.

꿈속에서와는 달리 글자는 붉은 색이 아니라 은은한 금빛이었습니다.

검은 피가 떨어지던 화강암 돌계단에도 아무 흔적이 없었습니다.

나는 뒤로 물러나 나를 내려친 돌비석 앞으로 다가갔습니다.

나지막한 대석 위에 그리 크지 않은 자연석 시비(詩碑)가 서 있었습니다.

「나룻배와 행인」

만해 한용운(萬海 韓龍雲)의 시비였습니다.

나를 내려친 사람이 바로 만해 선생이었던가.

나는 만해의 시비에서 몸을 돌려 다시 일해의 편액을 바라보았습니다.

절마당을 사이에 두고 만해와 일해는 서로 건너다보고 있었습니다.

나는 이 기구한 만해와 일해의 대치를 한동안 지켜보았습니다.

암울한 식민지에서 나라의 독립과 중생의 제도를 고뇌하며 만해가 뼈를 깎던 수도장이 바로 이곳 백담사였습니다.

백담사에 얽힌 역사의 무상함에 놀라지 않을 수 없었습니다.

나는 차가운 돌에 새겨진 만해의 시를 읽어나갔습니다.

나는 나룻배

당신은 행인.

당신은 흙발로 나를 짓밟습니다.

이렇게 시작되는 만해의 시는

"그러나 당신이 언제든지 오실줄만은 아러요"로 끝나고 있었습니다.

설악산 봉우리는 이름 그대로 벌써 머리에 하얗게 눈을 이고 있었습니다.
꽁꽁 얼어붙은 계곡에는 군데군데 찢어진 얼음장 사이로 여울물이 외치고 있었습니다.
나는 만해 시비와 일해 편액이 둘 다 보이는 곳에서 사진을 찍었습니다.
이군이 말했습니다. 흑백으로 한 장 찍겠습니다. 사진은 흑백이 진짜지요.
꿈속의 노스님 이야기가 다시 떠올랐습니다.
'색이란 사람을 홀리고 어지럽게 할 뿐이야.'

미완은 반성이자 새로운 시작입니다
모악산의 미륵

모악산의 길고 부드러운 능선은 언제 보아도 그 푸근함이 어머니의 품 같았습니다.

교도소의 하루가 저무는 시각에 우리는 곧잘 창가에 다가가 모악산을 바라보았습니다.

그리고 한 가닥 위로를 얻곤 하였습니다.

그러나 전주교도소에서 바라보던 모악은 어머니를 등 뒤에서 보는 것이었습니다.

당신은 말했습니다.

'등'은 거부의 의미가 아니다. 좌절의 밑바닥에 사는 사람을

모악이 거부할 리가 없다고.

그렇습니다. 그것은 어머니의 등에 업히는 것이었습니다.

오늘은 이제 어머니의 앞가슴으로 다가가고 있습니다.

눈발이 시작되는 밤길을 달려와 금산사 입구의 여관에 들었습니다.

밤새 눈이 내리면 내일 아침에는 하얗게 눈 덮인 '후천개벽'(後天開闢)의 세상을

보게 되리라 기대하며 잠자리에 들었습니다.

이튿날 아침 눈 뜨자마자 창문을 열었습니다. 서해안 쪽으로는 10센티가 넘는 눈이

내렸다는데 이곳에는 땅도 채 덮지 못할 정도의 적은 눈밖에 내리지 않았습니다.

'미완의 강설'이었습니다.

그 푸근함이 어머니의 품을 연상시키는 모악산 능선.

미완의 부처인 미륵의 고장 모악산 금산사의 아침은 이렇게 미완성의 의미를 다시 한번 확인하는 것으로 시작되었습니다.

미륵불은 석가가 구제하지 못한 중생을 마저 구제하기 위하여 오는 부처입니다. 석가의 완성을 위하여 오는 부처이며 반드시 와야 할 부처, 당래불(當來佛)입니다. 등 뒤에서 볼 때와는 달리 모악산은 나지막한 산봉우리들을 많이 품고 있었습니다. 산이 높아 엄뫼가 아니라 암탉이 병아리들을 날개 밑에 거두듯이 많은 권속을 거느리고 있어서 모악이었습니다. 진표율사(眞表律師)가 패망한 백제 유민들의 비통함을 거두어 그 좌절을 딛고 일어설 수 있는 구원의 미륵불을 바로 이곳 금산사에 세운 까닭을 알 것 같았습니다. 나는 미륵의 얼굴을 보기 위하여 이곳을 찾아온 셈입니다.

수많은 사람들의 가슴 속에서 연면히 이어져온 미륵의 모습이 자못 궁금하였습니다.
그러나 막상 미륵상을 마주 대하고 나서 갖게 되는 느낌은 나의 기대와는 매우
빗나간 것이었습니다. 그 당황스러움은 나 스스로도 놀랄 정도였습니다.
36척 높이의 거대한 미륵장륙상(彌勒丈六像)은 물론이고 좌우의 보살상까지
모두 금빛으로 화려하게 개금(改金)이 되어 있었습니다. 철불이나 석불을 기대한 것도
아니었지만 내가 가졌던 미륵의 이미지와는 너무나 큰 거리감을 주는 것이었습니다.
미륵이 고난받는 중생의 부처라면 현란한 금동여래상과는 분명 다른 것이어야
했습니다. 금동여래상에 대하여 도전적일 정도로 청년적 진취성과 민중적 단순의지가
표상화되어 있으리란 기대를 갖고 있었기 때문이었는지도 모릅니다.
나는 미륵전을 나와 절마당의 잔설을 비추는 아침햇살에 눈 감고 생각하였습니다.
금산사의 미륵을 찾아간다는 나에게 당신이 당부하던 말이 생각났습니다.
통일신라가 백제땅에다 거대한 미륵입상을 세운 이유에 대하여 주목하고 주의하라던
당신의 말이 생각났습니다. 그것은 백제땅의 모든 미륵들은 빠짐없이
이 미륵장륙상 앞에 와서 절하라고 하는 것인지도 모릅니다.
한편으로는 패망한 백제인의 부흥의지를 결집하는 것이기도 하지만
다른 한편으로는 모든 민중적 미륵신앙을 체제내로 수렴하려는 통일신라의
정치적 이데올로기가 아닌가에 대해서도 의심하라던 당신의 충고가
떠올랐습니다.
나로서는 개금된 미륵상에서 미륵이 실현하리라던 세계를 읽을 수가 없었습니다.
'인간이 타인에게 인간적인 세상'을 읽어내기가 어려웠습니다.
'용화세계'(龍華世界)의 이상이 고작 고봉쌀밥이라는 풍요의 세계였던가.

57억 년 후에 출현하리라던 미륵을 현재로 앞당겨왔던 그 환상의 치열성을
읽어낼 수가 없었습니다. 천불산 계곡에 천불천탑을 세워 새 세상을 띄우기 위하여
도끼로 돌을 찍어 만든 운주사(運舟寺) 미륵에서 분출되는 자력신앙의 힘이 없었습니다.

나의 미륵여행은 역시 미완의 여행으로 끝난 느낌이었습니다.
민중의 미적 정서가 상투화(常套化)되어버리는 것만큼 절망적인 것은 없습니다.
소망의 세계마저 제도화되어버린다면 미륵은 영원히 미완인 것으로 완성되어버릴 것
같은 생각을 금할 수 없었습니다. 최후의 그린벨트가 바로 '꿈' 이기 때문입니다.

그러나 아침햇살을 등에 지고 금산사를 나오면서 모악산의 그 눈부신 능선을
다시 돌아보는 순간 나의 이러한 생각이 참으로 단견이었음을 반성하지 않을 수
없었습니다. 어떠한 것도 내부로 깊숙이 안아들여 자기 것으로 육화(肉化)시키는
그 우람한 역량에 대한 신뢰가 내게 부족하였던 것이었습니다.
백제땅은 비록 미륵이 좌절한 땅이지만 그곳은 동시에 희망의 땅이라던 당신의
목소리가 들리는 듯하였습니다. 생각하면 우리의 역사는 한마디로 미륵의 좌절로
점철된 역사였다고 할 수 있습니다.
미륵화신(化身)임을 자처했던 궁예와 견훤은 패배자가 뒤집어쓰지 않을 수 없는
엄청난 오명에도 불구하고, 고대사를 청산하고 중세사의 전기를 만들어내었다는
당신의 긍정적 평가마저도 잊을 뻔하였습니다.
묘청·신돈·녹두 장군에 이르기까지 미완성은 또 다른 미완성으로 이어져
역사가 되는지도 모를 일입니다.

금산사를 돌아나오는 나의 '등'을 모악산의 아침햇살이 따뜻이 품어주었습니다.

세상의 지도에 유토피아라는 땅이 그려져 있지 않다면 지도를 들여다볼 가치가 없다는 시구가 나의 마음을 감싸주었습니다.

그렇습니다. 우리에게 남은 과제는 미완의 의미를 어떻게 읽고 어떻게 천착해갈 것인가 하는 것이라고 생각됩니다.

미완은 반성이며 가능성이며 청년이며 새로운 시작이며 그러기에 '과학'이기 때문입니다. 역경(易經) 64괘는 미완의 괘인 '미제'(未濟)괘로 끝나고 있습니다.

괘사(掛辭)에 이렇게 말하고 있습니다.

"어린 여우가 시내를 거의 다 건넜을 때 그만 꼬리를 적시고 말았다."

일몰 속에서 내일의 일출을 바라봅니다
하일리의 저녁노을

강화도의 서쪽 끝 하일리(霞逸里)는 저녁노을 때문에 하일리입니다.
저녁노을은 하루의 끝을 알립니다. 그러나 하일리의 저녁노을에서는 하루의 끝이 느껴지지 않습니다. 하늘과 땅이 적(赤)과 흑(黑)으로 확연히 나누어지는 산마루의 일몰과는 달리 노을로 물든 바다의 일몰에서는 저 해가 내일 아침 다시 동해로 솟아오르리라는 예언을 듣기 때문입니다.
하곡 정제두(霞谷 鄭齊斗) 선생이 당쟁이 격화되던 숙종 말년 표연히 서울을 떠나 진강산 남쪽 기슭 이곳 하일리에 자리잡은 까닭을 알 것 같았습니다.
이곳 하일리에서는 오늘 저녁의 일몰에서 내일 아침의 일출을 읽을 수 있기 때문입니다.
조선시대에는 서울에서 강화까지 걸어서 이틀길이었습니다.
다시는 서울을 찾지 않으려고 하곡은 강화의 서쪽 끝인 이곳 하일리로 들어왔던 것입니다. 진강산 기슭의 옛터에 오르면 손돌목의 세찬 물길로 서울로 돌아가는 길을 아예 칼처럼 자르고 떠나온 그의 강한 결의가 지금도 선연히 느껴집니다.
하곡이 정작 자르고 왔던 것은 당시 만연했던 이기론(理氣論)에 관한 공소(空疎)한 논쟁과 그를 둘러싼 파당이었다고 할 수 있습니다.

당대의 지식인 이건창의 묘소에는 어린 염소 한 마리가 애잔한 울음을 흘리고 있었다. 시대의 모순을 향해
서슬 푸르게 깨어 있는 지식인의 정신이 더욱 소중하게 느껴지는 때이다.

하곡이 이곳에 자리잡은 후 그의 사상에 공감하는 많은 인재들이 강화로
찾아들었습니다.
그리하여 원교 이광사(圓嶠 李匡師), 연려실 이긍익(燃藜室 李肯翊),
석천 신작(石泉 申綽), 영재 이건창(寧齋 李建昌) 등 하곡의 맥을 잇는 학자·문인들이
국학연구 분야에서 탁월한 업적을 이룩했던 것입니다.
학문을 영달의 수단으로 삼는 주자학 일색의 허학(虛學)을 결별하고 경전(經典)을
우리의 시각에서 새로이 연구하고 우리의 문화와 역사를 탐구하는 한편 인간 존재의
본질을 사색하는 등 다양하고 개방된 학문의 풍토와 정신세계를 이루어냈던 것입니다.

뿐만 아니라 연암 박지원(燕巖 朴趾源), 다산 정약용(茶山 丁若鏞) 등 조선 후기 실학(實學)에도 상당한 영향을 미친 이른바 '강화학'(江華學)의 산실이 바로 이곳이었습니다.

곤궁을 극한 어려운 생활에도 개의치 않고 250년이라는 오랜 세월 동안 이러한 실학적 전통을 연면히 지켜온 고장입니다. 이른바 강화학파의 맥을 이어온 곳입니다. 강화학이 비록 봉건적 신분질서와 중세의 사회의식을 뛰어넘은 것이라고는 할 수 없지만 지행합일(知行合一)이라는 지식인의 자세를 준엄하게 견지하며 인간의 문제와 민족의 문제를 가장 실천적으로 고민하였던 학파라고 할 수 있습니다.

    곤륜산을 타고 흘러내린 차가운 물 사태(沙汰)가 사막 한가운데인
        염택(鹽澤)에서 지하로 자취를 감추고 지하로 잠류하기 또 몇 천리,
        청해에 이르러 그 모습을 다시 지표로 드러내서 장장 8,800리 황하를 이룬다.

이 이야기는 강화학을 이은 위당 정인보(爲堂 鄭寅普) 선생이 해방 직후 연희대학에서 가진 백범을 비롯한 임정요인의 환영식에서 소개한 한대(漢代) 장건(張騫)의 시적 구상으로서, 널리 알려져 있지는 않지만 강화학에 관심이 있는 사람들에게는 지금도 큰 감동으로 남아 있습니다.

강화로 찾아든 학자·문인들이 하일리의 노을을 바라보며 생각하였던 것이 바로 이 황하의 긴 잠류였으며 일몰에서 일출을 읽는 내일에 대한 확신이었으리라고 생각됩니다. 황하의 오랜 잠류를 견딜 수 있는 공고한 신념 그리고 일몰에서 일출을 읽을 수 있는 열린 정신이 바로 지식인의 참된 자세인지도 모릅니다.

강화에는 이처럼 지식인의 자세를 반성케 하는 준엄한 사표가 곳곳에서 우리를
질타하고 있습니다.

사기 이시원(沙磯 李是遠)이 병인양요를 맞아 자결한 곳도 이곳이었고,
1910년 나라의 치욕을 통분하여 "지식인 되기가 참으로 어렵다"(難作人間識字人)는
그 유명한 절명시를 남긴 매천 황현(梅泉 黃玹)이 자결하기 직전에 찾은 곳도
이곳입니다.

가난한 어부들에 대한 애정과 나라의 치욕을 대신 짊어지려는 헌신과 대의로 그 길고
곤궁한 세월을 견디어내며 박실자연(朴實自然)의 삶을 지향하였던 그들의 고뇌가
곳곳에 묻혀 있습니다.

그러나 지금은 여기저기 아름다운 러브호텔이 들어서고 횟집의 유리창이 노을에
빛나는 강화에서 막상 이들의 묘소와 유적들은 적막하기 짝이 없습니다.

여한구대가(麗韓九大家)의 한 사람으로 당대의 가장 냉철한 지식인으로 꼽히던
영재 이건창의 묘소에는 어린 염소 한 마리만 애잔한 울음으로
나를 바라볼 뿐이었고 가난한 사재를 털어 세웠던 계명의숙(啓明義塾)은
황폐한 터만 남아 조국광복에 몸을 던져 만주로 떠나기 전 이곳을 찾았던
독립투사들의 모습을 더욱 처연히 떠올리게 합니다.

마니산의 도토리나무는 지금도 강화 벌판을 내려다보면서 풍년이 들면 적게 열리고
흉년이 들면 많이 열린다고 합니다. 아마도 곤궁한 이들의 생계를 걱정하여 그 부족한
것을 여투어주려는 배려였는지도 모릅니다.

북극을 가리키는 지남철은 무엇이 두려운지 항상 그 바늘 끝을 떨고 있다.

여윈 바늘 끝이 떨고 있는 한 그 지남철은 자기에게 지니워진 사명을 완수하려는 의사를 잊지 않고 있음이 분명하며, 바늘이 가리키는 방향을 믿어서 좋다.

만일 그 바늘 끝이 불안스러워 보이는 전율을 멈추고 어느 한쪽에 고정될 때 우리는 그것을 버려야 한다.

이미 지남철이 아니기 때문이다.

당신이 읽어준 이 간결한 글만큼 지식인의 단호한 자세를 피력한 글을 나는 이제껏 알지 못합니다. 당대의 가장 첨예한 모순을 향하여 서슬 푸르게 깨어 있는 정신이야말로 한 시대를 살아가는 지식인을 가리는 가장 확실한 지표라고 생각됩니다.

한해가 저물어가고 있습니다. 해마다 세모가 되면 이곳 하일리로 찾아오는 당신의 마음을 이제는 알 수 있을 것 같습니다. 세모의 바닷가에서 새해의 약속을 읽고 있는 당신의 마음을 알 수 있을 것 같습니다.

빛은 어둠을 만들고 어둠은 빛을 드러냅니다
이어도의 아침해

새해 아침에는 동해의 일출(日出)을 당신에게 보여드리고 싶었습니다.

제주도의 남쪽바다에 있는 '이어도' 위로 떠오르는 아침해를 보여드리고 싶었습니다.

낙관보다는 비관으로, 확신보다는 회의로 얼룩진 지난해의 그림자를 지우고 새해의

빛나는 아침을 시작하겠다는 당신의 결의를 누구보다도 기뻐하였기 때문이었습니다.

성산포의 작은 여관에서 어두운 새벽길을 서둘러 일출봉(日出峰)에 올랐습니다.

그러나 바다를 짓누르고 있는 먹구름은 시간이 지날수록 더욱 두꺼워질 뿐 끝내

바다의 일출을 허락하지 않았습니다. 참으로 서운한 일이었습니다.

아침해는 어느 새 먹구름 사이로 붉은 옷자락을 흔들어 보이며 이미 해가 떴다는 소식을

우리들에게 전하고 있었습니다.

"태양은 오늘도 변함없이 떠오르고 있다."

이것이 오늘 아침에 다시 한번 확인한 지극히 당연한 진리였습니다.

'희망'이란 오늘을 힘겨워하는 사람들이 그 앞에 다가서는 창(窓)입니다.

당신은 무엇을 힘들어하고 있으며 나는 또 어떠한 환상을 원하고 있는가.

먹구름은 끝내 바다의 일출을 허락하지 않았습니다. 빛과 그림자, 이 둘을 동시에 승인하는 것이야말로 우리의 삶을 정면에서 직시하는 용기이고 지혜라고 생각됩니다.

이것이 한해를 새로이 시작하는 당신과 내가 나누어야 할 새해의 이야기입니다.

제주도의 남쪽 바다에는 '이어도'가 있습니다. 제비가 돌아가는 강남길의 남쪽바다 어디쯤에 있는 섬입니다.

그러나 이어도는 실재(實在)하는 섬이 아니라 환상(幻想)의 섬입니다.

피안의 섬이고 가멸진 낙토입니다. 그러나 이어도는 동시에 이승을 떠난 사람들이 머무르는 눈물의 섬이며 비극의 섬이기도 합니다.

이어도가 이처럼 낙원의 섬이면서 동시에 나락(奈落)의 섬이라는 사실이 내게는 참으로 귀중한 깨달음으로 다가옵니다.

희망과 절망이 하나의 섬에 가탁(假託)되고 있는 이어도는 바로 그 점 때문에
세상의 어떤 다른 섬보다도 더욱 현실적인 섬이라고 생각됩니다.
세상에는 절망으로 응어리진 땅이 없는 것과 마찬가지로 희망으로 꽃 피고 있는 땅도
없기 때문입니다.
이어도가 나락의 섬이면서 동시에 가멸진 낙토인 것처럼 제주도는 섬 전체가
빛과 그림자로 빚어져 있다고 할 수 있습니다.
신혼의 부부들이 첫발을 내딛는 제주공항의 활주로 밑에는 숱한 원혼이 묻혀 있으며,
꽃멀미를 부를 정도로 무연하게 펼쳐져 있는 유채꽃밭 위에는
생산비도 건지지 못하는 농민들의 한숨소리가 바람이 되어 불고 있습니다.
수려한 산과 해안의 절경이 있는가 하면 단 한줄기의 강물도 흐르지 않는 땅입니다.
천혜의 관광자원을 가지고 있지만 당신의 말처럼 그것은 모두 '육지'의 소유일
따름입니다.

돌하르방이 부릅뜬 눈으로 증언하듯이 제주땅의 역사 또한 저항과 좌절, 승리와 패배로
응어리져 있습니다.
추사 김정희(秋史 金正喜)가 세한도(歲寒圖)를 그려낸 고장이기도 하지만
김옥균(金玉均)의 암살자인 홍종우(洪鐘宇)가 목사(牧使)로 부임한 땅이기도 합니다.
돌담으로 둘린 작은 밭뙈기에는 어김없이 한두 기의 무덤이 자리를 나누어 앉아 있으며
제주땅의 어느 곳에서나 만날 수 있는 300개가 넘는 '오름'들에는 하나같이
봉화(烽火)와 처형(處刑)의 역사가 묻혀 있음을 알 수 있습니다.

삶과 죽음의 현장인 바다를 터전으로 하여 살아가는 제주도에서는
이와 같은 빛과 그림자의 결합은 너무나 당연하고 일상적인 현실이 되어 있습니다.
제주땅의 역사와 현실은 이처럼 우리를 삶의 참모습 앞에 맞세워놓습니다.
삶의 참모습은 가장 알기 쉬운 교훈입니다.
제주도는 당신도 잘 알다시피 조선시대 500년 동안 이곳으로 유배된 사람이
700여 명에 이르는 절해고도의 유배지였습니다. 추사 김정희를 비롯하여 이익(李瀷)·
최익현(崔益鉉)·김윤식(金允植)·박영효(朴泳孝)·이승훈(李昇薰) 등 당대 최고의
학문과 사상을 지닌 사람들이 이곳에서 적거(謫居)하였습니다.
제주도민들은 이러한 유배자들로부터 그들의 문화와 사상 그리고 민족적 양심을
제주땅에 접목시키는 것을 잊지 않았습니다.
그리하여 비록 지척민빈(地瘠民貧)의 땅이었음에도 불구하고 다른 어느 지역에서도
찾아보기 어려운 민중적이고 주체적인 문화의 뿌리를 가꾸어놓았습니다.
이른바 한라산의 드넓은 품이 아닐 수 없습니다.

제주도에서 내가 당신에게 전할 수 있는 소식은 환상과 실재, 아픔과 기쁨, 좌절과 희망에
관한 이야기입니다. 생각하면 우리는 아픔과 기쁨으로 뜨개질한 의복을 걸치고
저마다의 인생을 걸어가고 있습니다.
기쁨과 아픔, 환희와 비탄은 하나의 창문에서 바라보는 하나의 풍경인지도 모릅니다.
빛과 그림자, 이 둘을 동시에 승인하는 것이야말로 우리의 삶을 정면에서 직시하는
용기이고 지혜라고 생각됩니다.

빛은 어둠을 만들고 어둠은 빛을 드러내는 것이기 때문입니다. 용기와 지혜는 당신의 말처럼 '결합의 방법' 입니다. 선량하나 나약하지 않고 냉철하나 비정하지 않고 치열하나 오만하지 않을 수 있는 '결합의 지혜', '결합의 용기' 라고 생각합니다.

끝내 일출을 보지 못하고 산을 내려오면서 나는 당신에게 바다의 일출을 보여주지 않은 것이 참으로 다행이라고 생각했습니다. 바다의 일출은 흔치 않은 것이기 때문입니다. 그리고 흔치 않은 것은 환상이기 때문입니다. 비록 일출이 당신을 기다리지 않더라도 나는 당신이 제주에 오기를 바랍니다.
일출봉에 오르는 대신 차라리 한라산 기슭의 억새꽃 속에 서서 한라산의 넉넉한 품속에 안기기를 바랍니다.
그리하여 나의 아픔이 다른 수많은 사람들의 아픔의 작은 한 조각임을 깨달음으로써 영원히 '이어도' 를 간직할 수 있게 되기를 바랍니다.

한아름 벅찬 서울 껴안고 아파합니다
북한산의 사랑

북한산에 오르면 백두대간이 달려오는 소리가 들립니다.

그 발자국 소리에 귀기울이고 있노라면 600년 전의 한양(漢陽)이 눈앞에 펼쳐집니다.

이것이 내가 북한산에 오르는 이유입니다.

백두산에서 달려온 내룡(來龍)이 삼각산에서 좌정한 다음 보현봉에 이르러 잠시

한양땅을 굽어보고 다시 머리를 낮추어 이윽고 주산(主山)인 북악이 됩니다.

인왕산(仁王山)을 우백호(右白虎)로 낙산(駱山)을 좌청룡(左青龍)으로 하여

한양땅을 품고 있습니다. 그리고 남산 바깥의 동서남 삼방(三方)을 한강이 감싸안고

돌아나갑니다. 다만 객산(客山)인 관악산(冠岳山)이 너무 승(勝)하여 외세가 넘보는

땅이라는 혐만 아니라면 나무랄 데 없는 땅이라고 합니다.

북한산에는 이처럼 내사산(內四山)이 품고 있는 서울땅 외에 북한산성으로 둘러싸여

있는 또 하나의 터전이 있습니다. 30여 리의 산성으로 이루어진 천험의 요새입니다.

삼국시대부터 북방 진출의 전략적 거점이었고 한강유역의 쟁패에 결정적인

요충지였습니다. 임진·병자 양란(兩亂)을 겪은 후에는 남한산성이나 강화도보다도

훨씬 뛰어난 도성방어의 보루(堡壘)로 주목된 땅입니다. 군자가 품고 있는 비장(秘藏)의

무기라 할 수 있습니다. 북한산은 이처럼 문무(文武)와 강유(剛柔)를 겸비한 산입니다.

20여 년 만에 서울로 돌아왔을 때 산천의구(山川依舊)란 말을 가장 실감케 한 것이 바로 삼각산이었습니다.

구름이 발밑을 지나고(雲浮在下) 바다가 보이는(海坼無西) 삼각산의 위용과 빼어남은 과연 경탄의 대상이었습니다. 한양땅의 수려함은 단지 이러한 산천의 빼어남에서 오는 것만이 아니라 무엇보다 산천과 궁궐과 문루가 이루어내는 조화에 있습니다. 경복궁을 중심으로 좌우 산세를 따라 궁궐과 문루가 서로 속삭이듯 어우러져 있습니다. 사람들의 영조물(營造物)과 자연이 어떻게 서로를 돕고 조화를 이루어야 하는가를 생각하게 합니다. 봉학(峰壑)마다 깃들여 있는 사실(史實)에 생각이 미치면 사람의 삶이 과거의 삶과 어떻게 맥을 이어야 하는가를 생각하게 합니다.

평화의 교실이고 역사의 현장입니다.

그러나 오늘 북한산에서 느끼는 생각은 참으로 침울합니다.

산천이 '몸' 이고 그 위에 이룩된 문명이 '정신' 이라는 당신의 말을 생각하면 지금의 서울은 참으로 참담한 모습이 아닐 수 없습니다. 상처난 몸이 거대한 머리를 주체하지 못하고 있는 형국입니다.

사람의 경우에도 가장 중요한 것이 '가슴' 과 '머리' 의 조화라고 하였습니다.

따뜻한 가슴(warm heart)과 냉철한 이성(cool head)이 서로 균형을 이룰 때 사람은 비로소 개인적으로 '사람' 이 되고 사회적으로 '인간' 이 됩니다.

이것이 '사랑' 과 '이성' (理性)의 인간학이고 사회학입니다. 사랑이 없는 이성은 비정한 것이 되고 이성이 없는 사랑은 몽매(蒙昧)와 탐닉(耽溺)이 됩니다.

당신은 기억하지 못하겠지만 이 두 가지 중에서 어느 것이 먼저인가를 내게
질문한 적이 있습니다. 가슴이 먼저라는 당신을 어둡다고 했던 기억이 있습니다.
우리는 그때 '가슴에 두손을 얹고 조용히 반성하라' 는 말을 우스워하였습니다.
인간의 사고(思考)가 이루어지는 곳은 심장이 아니라 두뇌라는 사실을 들어 그것을
비웃기까지 하였던 기억이 있습니다.
이성주의(理性主義)의 극치였습니다. 그러나 지금은 그때의 오만이 부끄럽습니다.
우리의 이성이란 땅 위에 서 있는 한 그루 나무처럼 그 흙가슴을 떠날 수 없기
때문입니다. 마치 컴퓨터의 체(體, hard-ware)가 허용하는 범위내에서만
그 용(用, soft-ware)이 실릴 수 있는 것과 같다고 생각됩니다. 가슴을 떠나는 것은
'질'(質)을 버리고 '양'(量)을 취하는 것이며 사용가치(使用價値)를 버리고
교환가치(交換價値)를 취하는 것이라던 당신의 말이 떠오릅니다.

오늘은 평일임에도 불구하고 백두대간이 달려오는 소리도 들리지 않고 600년 전의
서울도 보이지 않습니다. 작은 가슴 위에 축조된 거대한 콘크리트 빌딩만이
시야에 가득 다가옵니다.
북한산은 이제 두 팔을 한껏 벌려도 아름이 벅찬 서울을 껴안고 아파하고 있습니다.
나는 앞으로 더 이상 북한산을 오르지 못하리라는 것을 알고 있습니다.
북한산에게 미안하기 때문입니다. 아픈 사람에게 기대려고 하는 나 자신이
너무 염치없기 때문입니다. 그리고 무엇보다도 북한산에서 보는 서울이 더 이상
'아름다운' 것이 아니기 때문입니다.

북한산성 행궁터에서 본 백운대·인수봉·만경봉의 삼각산. 아파하는 산엔 더이상 오르지 못하리라.

그리고 나를 가장 당황하게 한 것은 지금까지 내가 택했던 등산로가 바로
외적(外敵)이 북한산성을 쳐들어오는 공격로였다는 당신의 지적이었습니다.
최후의 보루였던 북한산성은 방법이 달라진 20세기의 침략에는 너무나 무력하여
단 한번도 나라를 지키는 소임을 해보지 못하고 폐허가 되어 있습니다. 북한산은 비장의
보도(寶刀)마저 녹슨 채 오늘도 지친 몸으로 수많은 사람의 공격을 받고 있는 셈입니다.

지금부터 다시 600년 후에 북한산이 어떤 모습이 될지 지금은 감히 상상조차 하기
어렵습니다. 성문을 복원하고 정수리를 단혈한 쇠말뚝을 뽑아내기는 하였지만
산룡(山龍)은 이미 사룡(死龍)이 되어 있는지도 모릅니다.

내룡의 정기가 북악산으로 조심스럽게 이어지는 과협처(過峽處)는 그 맥을 다치지 않기 위하여 해마다 흙으로 돋우고 산성도 그 쪽으로는 토성을 쌓아 이름도 보토현(補土峴)이었는데 지금은 4차선 북악터널이 뚫려 있습니다.

인왕산을 지나 한강을 잠류하며 여의도 국회의사당으로 이어지는 미맥(微脈)의 경부(頸部)에는 당인리 화력발전소가 뜸을 뜨고 있습니다.

외세의 침탈이 서울의 풍수 탓이 아님은 물론이고 30년의 군사독재와 정치의 혼미가 지맥의 훼손 때문이라고는 할 수 없습니다.

그러나 우리가 잊지 말아야 하는 것은 우리의 삶이 영위되고 있는 그 토대에 대한 생각이라고 믿습니다. '가슴'과 '사랑'에 대하여 겸손한 생각을 길러야 하리라고 믿습니다.

북악산이 남산을 부르는 소리가 들려왔습니다. 남산이 대답하였습니다.

'나도 가슴이 뚫리고 머리에 첨탑이 씌워 떠날 수가 없구나.'

눈이 달린 손은 생각하는 손입니다
천수관음보살의 손

 등에는 아기를 업고, 양손에는 물건을 들고, 머리에는 임을 이고, 그리고 치맛자락에 아이를 달고 걸어가는 시골 아주머니를 한동안 뒤따라간 적이 있습니다. 어릴 적의 일이었습니다. 무거운 짐에다 아기까지 업고 있는 아주머니의 고달픔도 물론 마음 편하게 바라볼 수 있는 것은 아니었습니다만 내가 가장 걱정했던 것은 머리 위의 임이었습니다. 등에 업힌 아기는 띠로 동였고 양손의 물건은 손으로 쥐고 있어서 땅에 떨어질 염려는 없었습니다만 머리에 올려놓은 임은 매우 걱정스러웠습니다. 비뚜름하게 머리에 얹혀서 발걸음을 떼어놓을 때마다 떨어질 듯 떨어질 듯 흔들리는 임은 어린 나를 내내 불안하게 하였습니다.

'저 아주머니에게 손이 하나 더 있었으면……'
어린 아이였던 내가 생각해낼 수 있었던 소망의 최고치였습니다. 나는 그 뒤 훨씬 철이 들고 난 후에도 가끔 '또 하나의 손'에 대하여 생각하는 버릇을 갖고 있습니다. 3개의 손, 4개의 손, 수많은 손을 가질 수는 없을까.
짐이 여러 개일 때나 일손이 달릴 때면 자주 그런 상상을 하였습니다. 추운 겨울 아침에 찬물 빨래를 할 때에도 생각이 간절하였습니다. 여벌의 손 두 개만 있더라도 시린 손을 교대로 찬물에 담글 수 있겠다는 생각을 하기도 하였습니다.

동국대 박물관에서 볼 수 있는 「천수천안관음보살상」 탱화.

천개의 손을 가진 천수보살(千手菩薩)의 후불탱화(後佛幀畵) 앞에서 불현듯 어린 시절의 기억이 되살아났습니다.

'천 개의 손'.

수많은 짐을 들 수 있는 손은 참으로 감동적이었습니다. 그러나 우리에게는 어차피 두 개의 손밖에 없습니다. 그래서 우리는 많은 손을 갖기 위하여 학교를 다니기도 하고 기술을 익히기도 합니다. 많은 손을 구입하기 위하여 돈을 모으기도 하고 많은 손을 부리기 위하여 높은 지위를 선호하기도 합니다.

그리하여 수많은 손을 가진 사람들이 실제로 세상에는 많이 있기도 합니다.

세상에서 가장 능력이 있는 사람은 수많은 손을 움직일 수 있는 사람이라는 철학을 우리는 이미 완성해놓고 있습니다.

그러나 오늘 천수관음보살의 손을 자세히 쳐다보고 깜짝 놀랐습니다.
천 개의 손에는 천 개의 눈이 박혀 있었습니다. 천수천안(千手千眼)이었습니다.
그냥 맨손이 아니라 눈이 달린 손이었습니다. 눈이 달린 손은 맹목(盲目)이 아닙니다.
생각이 있는 손입니다. 마음이 있는 손이라는 사실입니다. 세상에서 가장 능력이
있는 사람이 수많은 손을 가진 사람임에는 틀림이 없지만 그러나 그것은 마음이 있는
손이어야 한다는 사실입니다.
그런 점에서 나는 조직이 망라하고 있는 손을 신뢰하지 않습니다. 마찬가지로 구입된
수많은 손도 역시 신뢰하지 않습니다. 세상의 모든 손은 누군가의 살아 있는 손이고
그 손에는 모두 임자가 있기 때문입니다. 손의 집합과 집합의 규율과 규율에 의한
조직으로서 우리의 삶을 이룩하려고 한다면 우리의 역사는 제왕 한 사람의 무덤만을
남기고 사멸해간 과거사에서 한 발도 더 나아갈 수 없기 때문입니다. 우리 스스로를
'위대한 신세계'의 감마계급이나 '복제인간'(複製人間)으로 대체하는 것이기
때문입니다.
그리고 무엇보다 중요한 것은 그 손의 임자에게도 많은 손을 주어야 하기 때문입니다.
천 개의 손마다 각각 천 개의 손을 주어야 한다는 사실입니다. 그리고 다시 천 개의
손에 각각 천 개의 손을 주지 않을 수 없다는 사실입니다.
최고의 논리학인 수학은 언제나 등식(等式)을 기본으로 합니다.

 평등의 철학 위에서 문제의 해답을 이끌어내고 있습니다.

집합과 규율과 연대를 넘어서 천 개의 손이 서로 '소통'(疏通)되어야 하는 이유가 바로 여기에 있다고 생각됩니다.

이것이야말로 '제로섬'에서 '비약'으로 가는 길이고 '뺄셈'에서 '곱셈'으로 가는 길이라고 생각합니다.

당신은 많은 보살들을 소개해주었습니다. 이론의 문수보살, 실천의 보현보살, 사랑의 미륵보살. 아마 천 개의 보살이 있어야 할지도 모릅니다.

보살은 중생들의 수많은 모습을 하나하나 상징하고 있는 것이며 그러한 모든 보살의 총체가 바로 부다(Buddha)의 심성이라고 하였습니다.

그러나 나는 그것이 또 다른 집합의 개념이 될 수도 있다는 걱정을 버리지 못합니다.

관세음(觀世音)은 세상의 소리(世音)를 듣는다(觀)는 뜻이라고 생각합니다.

많은 소리를 듣기 위하여는 물론 많은 귀를 가져야 합니다. 그리고 세상에서 가장 많은 귀를 가진 사람이 가장 현명한 사람임에는 틀림없습니다. 정보화사회에서는 정보의 소유자가 권력의 소유자가 될 수 있다는 결론으로 귀결됩니다.

그러나 세상에 '정보'(情報)란 없습니다. 있는 것은 소리입니다. 누군가의 소리일 뿐입니다. 소리는 앉아서 듣는 것이 아니라 소리나는 곳으로 달려가야 하는 신호입니다. 손에 눈이 달려 있는 까닭이 그 때문인지도 모릅니다.

그래서 나는 당신의 질책을 무릅쓰고 천수보살 이외의 보살을 알려고 하지 않습니다.

그리고 지금은 어릴 때의 간절했던 그 '또 하나의 손'이 짐을 들어주는 손이 아니라 손을 잡아주는 손이기를 바랍니다. 천수보살의 손이 구원의 손길이 아니라 다정한 '악수'이기를 원합니다.

이러한 손만이 삶의 양(量)을 늘림으로써 삶의 질(質)을 높이려고 하는 허구를 걷어내고 그 자리에 '사람'과 '사람들'의 얼굴을 되찾아주리라고 믿습니다.

경쟁상대로 팽팽히 켕겨진 시장이 아니라 우정이 소통되는 세상을 이루어내리라고 생각합니다. 그리고 우리의 역량을 대해(大海)처럼 든든한 것으로 만들어주리라고 믿습니다.

꽃잎 흩날리며 돌아올 날 기다립니다
잡초에 묻힌 초등학교

사나이 가는 길 앞에 웃음만이 있을쏘냐

결심하고 가는 길 가로막는 폭풍이 그 어이 없으랴

푸른 희망을 가슴에 움켜 안고 떠나온 정든 고향아

내 다시 돌아갈 때 열 굽이 도는 길마다 꽃잎을 날려보리라

비오는 날이나 명절이 가까워 오면 철창가에서 낮은 목소리로 자주 이 노래를 부르는 친구가 있었습니다. 떠나온 고향을 생각하는 노래였습니다. 나는 오늘 그가 다녔던 전남 화순에 있는 작은 초등학교를 찾아왔습니다.

아무도 없었습니다. 폐교된 지 벌써 3년.
잡초에 묻혀 있는 교정에는 세종대왕만이 홀로 그 자리를 지키고 있었습니다.
텅 빈 교실은 먼지가 켜켜이 쌓여 을씨년스럽기 짝이 없었습니다. 칠판에 남아 있는 낙서만이 떠나간 어린이들의 아픈 마음을 전하고 있을 뿐이었습니다.

전남 화순의 폐교된 초등학교. 세종대왕상만이 홀로 교정을 지키고 있다.

잘 있거라 정든 학교야

꿈을 키웠던 그리운 나의 모교

난 널 잊지 못할거야

선생님, 운동장, 친구들……

잘 있거라 난 너희를 사랑해

이 학교가 바로 그가 다녔던 학교라는 확신은 없지만 오늘 교정의 이곳저곳에서 그의 얼굴을 만나게 됩니다.

고향을 떠나 서울로 올라온 후 그가 겪었을 숱한 곡절을 나는 다 알지 못합니다만
끝내는 징역살이까지 할 수밖에 없었던 그의 '농촌 이후'(農村以後)가 떠오릅니다.
농(農)돌이에서 공(工)돌이로 그리고 범(犯)돌이로 그리고 다시 징역을 사는
징(懲)돌이로 전락해간 그의 파란만장한 삶이 쓸쓸한 교정을 무대로 하여 펼쳐집니다.
가로막는 폭풍 앞에서 무참히 쓰러진 그의 모습이 떠오릅니다.

최근 5년 동안에 폐교된 학교가 무려 1,200개교가 넘고 올해도 다시 300~400개교가
문을 닫게 된다고 하였습니다. 농촌의 초등학교는 마을의 꽃이고 미래였습니다.
꽃이 없어지고 미래가 사라진 이 황량한 교정에서 어느 한 사람의 추억에 잠기는 것은
감상(感傷)입니다. 당신의 말처럼 시선을 들어 농촌을 보아야 합니다. 2억 평의 농경지가
묵고 있는 농촌 그리고 해마다 수십만 명씩 떠나간 농촌의 실상을 보아야 합니다.
그리고 그보다 더욱 중요한 것은 땅을 버리고 고향을 떠나게 만드는 '보이지 않는 손'을
찾는 일인지도 모릅니다.
세계화의 시대, 정보화의 시대, 하이테크의 시대라는 용어를 거부하는 당신의 고집을
모르지 않습니다. 그럼에도 불구하고 지금은 '세계화'의 도도한 물결이 밀려오고
있습니다. 세계무역기구(WTO)는 운양호의 함포보다도 더 강력한 무기가 장착된
도전임에 틀림없습니다. 안방의 밥상 위에까지 발을 올려놓는 거대한 공룡의
내습입니다.
100년 전의 개항기(開港期)와 흡사하다고 하지만 지금의 경제구조는 당시에 비해
훨씬 허약한 체질로 바뀌어 있는지도 모릅니다.

자국내의 모순을 세계화를 통하여 해소하려고 하는 중심부의 그들과는 반대로 세계경제의 중하층에 편입되어 있는 우리의 경제적 위상은 그러한 모순을 내부의 희생으로 대응할 수밖에 없는 처지에 놓여 있기 때문입니다.
결국 물이 낮은 데로 흘러가듯이 당연히 가장 약한 곳으로 그 중압이 전가될 수밖에 없는 것입니다. 그간의 이농(離農)과 탈농(脫農)은 오로지 이러한 중압을 벗어나려는 기약 없는 몸부림일 뿐 푸른 희망을 가슴에 안고 떠나간 사람은 아무도 없었습니다.
이제 농업은 단 하나의 잣대인 시장경제의 원리에 의하여 그 운명이 재단될 것이라는 당신의 전망은 차라리 절망입니다. 농촌은 떠나야 할 땅이고 농업은 버려야 할 산업이 되기 때문입니다. 우리는 이제 어린이가 없는 농촌, 농촌이 없는 도시, 농업이 없는 나라, 농민이 없는 민족으로 21세기를 살아가야 될지도 모릅니다.

잡초에 묻힌 교정을 나도 또한 떠나오면서 나는 도시로 떠나간 이 학교의 아이들이 지금쯤 어느 골목에서 얼마나 큰 짐을 지고 걸어가고 있는지 마음이 어둡습니다.
다만 철창에 머리 기대고 「사나이 가는 길」을 노래 부르고 있지 않기만을 바랄 뿐입니다.

    어디엔들 바람 불지 않으랴
    어느 땐들 눈물 흘리지 않으랴

당신의 노랫소리는 차가운 겨울바람이었습니다. 자연과의 싸움에서는 누구보다도 뛰어난 지혜와 끈기를 보여온 농민이 이제 '보이지 않는 손'의 도전 앞에서는 마치 상대를 보지 못하고 싸우는 병사처럼 막연하기 그지없습니다.

잡초에 묻힌 학교는 우리 농촌의 자화상이며 농촌은 우리 시대의 실상인지도 모릅니다.

세종대왕이 돌아가는 나에게 말했습니다.
'안방에 나타난 공룡은 무서운 것이 아니다. 공룡은 모름지기 주라기시대의 밀림에서 살아갈 수 있을 뿐이다.'
세종대왕은 떠나간 어린이들이 돌아오리란 것을 믿고 있었습니다. 꽃잎을 날리며 다시 돌아올 날을 기다리고 있었습니다. 사람이 땅을 버리고 살아갈 수 없음을 알고 있기 때문인지도 모릅니다.

나는 오늘도 서울역 광장에서 그의 뒷모습을 보았습니다. 그는 고향으로 내려가는 친구를 배웅하고 있었습니다. 친구마저 떠나고 난 스산한 대합실을 서성이다가 역광장에 있는 공중전화 부스로 들어가서 전화를 걸고 있었습니다. 서울에 흩어져 살고 있는 비슷비슷한 친구들에게 전화를 걸고 있었습니다. 여기 저기 산산이 흩어진 고향을 찾고 있었습니다.
903855664902188744161034368660033841437739……..

어리석은 자의 우직함이 세상을 조금씩 바꿔갑니다
온달산성의 평강공주

오늘은 충청북도 단양군 영춘면 하2리에 있는 온달산성에서 엽서를 띄웁니다.

1,400년 전의 과거로부터 띄우는 이 엽서가 당신에게 어떻게 읽혀질지 망설여집니다.

온달산성은 둘레가 683미터에 불과한 작은 산성입니다만 깎아지른 산봉우리를

테를 메우듯 두르고 있어서 멀리서 바라보면 흡사 머리에 수건을 동여맨 투사 같습니다.

결연한 의지가 풍겨오는 책성(幘城)입니다. 그래서 쉽게 접근을 허락하지 않는

성이었습니다.

다만 하2리 마을 쪽으로 앞섶을 조심스레 열어 산성에 이르는 길을 내주고 있었습니다.

산중턱에 이르면 사모정(思慕亭)이라는 작은 정자가 있습니다.

전사한 온달 장군의 관이 땅에서 떨어지지 않자 평강공주가 달려와 눈물로 달래어

모셔간 자리라 전해지고 있습니다.

이 산성을 찾아오는 사람들이 평강공주를 만나는 자리입니다.

나는 사모정에서부터 나머지 산성까지의 길을 평강공주와 함께 올라갔습니다.

아래로는 남한강을 배수의 진으로 하고 멀리 소백산맥을 호시(虎視)하고 있는

온달산성은 유사시에 백성들을 입보(入保)시키는 성이 아니라 신라에 빼앗긴 실지를

회복하기 위한 전초기지였음을 단번에 알 수 있습니다.

남한강을 배수진으로 하고 멀리 소백산맥을 호시하고 있는 온달산성은 작은 산성이지만 신라에 빼앗긴 실지를 회복하기 위한 전초기지였다.

망루나 천수각(天守閣)이 없어도 적병의 움직임이 한눈에 내려다보이는 조망(眺望)이었습니다. 조령과 죽령 서쪽 땅을 되찾기 전에는 다시 고국에 돌아오지 않겠다는 그의 결의가 지금도 느껴집니다.

나는 반공(半空)을 휘달리는 소백산맥을 바라보다 문득 신라의 삼국통일을 못마땅해하던 당신의 말이 생각났습니다. 하나가 되는 것은 더 커지는 것이라는 당신의 말을 생각하면 대동강 이북의 땅을 당나라에게 내주기로 하고 이룩한 통일은 분명 더 작아진 것이라는 점에서 그것은 통일이 아니라 광활한 요동 벌판의 상실에 불과한 것인지도 모릅니다.

이러한 상실감은 온달과 평강공주의 애절한 사랑의 이야기와 더불어 이 산성을 찾은
나를 매우 쓸쓸하게 합니다.

온달과 평강공주의 이야기는 부(富)를 축적한 당시의 평민계층이 지배체제의
개편과정에서 정치·경제적 상승을 할 수 있었던 사회변동기의 사료(史料)로
거론되기도 합니다. 그리고 '바보 온달'이란 별명도 사실은 온달의 미천한 출신에 대한
지배계층의 경멸과 경계심이 만들어낸 이름이라고 분석되기도 합니다.
그러나 나는 수많은 사람들이 함께 창작하고 그후 더 많은 사람들이 오랜 세월에
걸쳐서 승낙한 온달 장군과 평강공주의 이야기를 믿습니다.
다른 어떠한 실증적 사실(史實)보다도 당시의 정서를 더 정확히 담아내고 있다고
생각하기 때문입니다.
완고한 신분의 벽을 뛰어넘어 미천한 출신의 바보 온달을 선택하고 드디어
용맹한 장수로 일어서게 한 평강공주의 결단과 주체적 삶에는 민중들의 소망과 언어가
담겨 있기 때문입니다.
이것이 바로 온달설화가 당대 사회의 이데올로기에 매몰된 한 농촌청년의
우직한 충절의 이야기로 끝나지 않는 까닭이라고 생각됩니다. 인간의 가장 위대한
가능성은 이처럼 과거를 뛰어넘고 사회의 벽을 뛰어넘어 드디어 자기를 뛰어넘는
비약에 있는 것이라고 할 수 있기 때문입니다.
나는 평강공주와 함께 온달산성을 걷는 동안 내내 '능력 있고 편하게 해줄 사람'을
찾는 당신이 생각났습니다. '신데렐라의 꿈'을 버리지 못하고 있는 당신이
안타까웠습니다.

현대사회에서 평가되는 능력이란 인간적 품성이 도외시된 '경쟁적 능력'입니다. 그것은 다른 사람들의 낙오와 좌절 이후에 얻을 수 있는 것으로, 한마디로 숨겨진 칼처럼 매우 비정한 것입니다. 그러한 능력의 품속에 안주하려는 우리의 소망이 과연 어떤 실상을 갖는 것인지 고민해야 할 것입니다.

당신은 기억할 것입니다. 세상사람은 현명한 사람과 어리석은 사람으로 분류할 수 있다고 당신이 먼저 말했습니다.

현명한 사람은 자기를 세상에 잘 맞추는 사람인 반면에 어리석은 사람은 그야말로 어리석게도 세상을 자기에게 맞추려고 하는 사람이라고 했습니다.

그러나 역설적이게도 세상은 이런 어리석은 사람들의 우직함으로 인하여 조금씩 나은 것으로 변화해간다는 사실을 잊지 말아야 한다고 생각합니다.

우직한 어리석음, 그것이 곧 지혜와 현명함의 바탕이고 내용입니다.

'편안함' 그것도 경계해야 할 대상이기는 마찬가지입니다.

편안함은 흐르지 않는 강물이기 때문입니다. '불편함'은 흐르는 강물입니다. 흐르는 강물은 수많은 소리와 풍경을 그 속에 담고 있는 추억의 물이며 어딘가를 희망하는 잠들지 않는 물입니다.

당신은 평강공주의 삶이 남편의 입신(立身)이라는 가부장적 한계를 뛰어넘지 못한 것이라고 하였습니다만 산다는 것은 살리는 것입니다. 살림(生)입니다. 그리고 당신은 자신이 공주가 아니기 때문에 평강공주가 될 수 없다고 하지만 살림이란 '뜻의 살림'입니다. 세속적 성취와는 상관 없는 것이기도 합니다.

그런 점에서 나는 평강공주의 이야기는 한 여인의 사랑의 메시지가 아니라 그것을 뛰어넘은 '삶의 메시지'라고 생각합니다.

나는 당신이 언젠가 이 산성에 오기를 바랍니다. 남한강 푸른 물굽이가 천년세월을 변함 없이 감돌아 흐르는 이 산성에서 평강공주와 만나기를 바랍니다.

'역사를' 배우기보다 '역사에서' 배워야 합니다
단종의 유배지 청령포

당신은 유적지를 돌아볼 때마다 사멸하는 것은 무엇이고 사람들의 심금에 남는 것은 무엇인가를 돌이켜보라고 하였습니다. 그리고 우리가 오늘 새로이 읽어야 할 것이 무엇인가를 고민하라고 하였습니다. '과거'를 읽기보다 '현재'를 읽어야 하며 '역사를' 배우기보다 '역사에서' 배워야 하기 때문이라고 하였습니다.

강원도 영월의 청령포는 강과 산이 절묘하게 조화된 이른바 산수대우(山水大友)의 땅입니다. 남한강 상류의 맑은 물이 유유히 흘러오다 갑자기 물길을 돌려 뺨으로 그린 듯 동그랗게 남겨놓은 솔숲과 백사장이 그림 같습니다. 산과 강이 서로를 아끼며 벗하는 자연의 우정이 아름답습니다.

그러나 이곳을 찾는 사람들은 산수의 아름다움보다 단종(端宗)의 유배와 죽음을 먼저 봅니다. 어린 유배자가 시름을 달래던 소나무가 500년 풍상에 늙어 있고 그리움을 연으로 띄우던 노산대(魯山臺)에는 지금도 단종의 한이 서려 있기 때문입니다.

청령포를 찾는 사람들은 산수의 아름다움보다 단종의 무고한 죽음을 먼저 보게 됩니다.

이곳을 단종의 유배지로 택한 이유는 물론 삼면이 강으로 에둘러 있고 나머지 한 쪽은
험준한 절벽이어서 마치 외딴 섬처럼 완벽하게 고립된 땅이기도 하지만 그보다는
강물 속에 와류(渦流)와 냉수대(冷水帶)가 숨어 있는 음기(陰氣)의 땅이었기
때문이라고 합니다. 이 음지(陰地)를 유배로 고른 그들의 냉혹함이 섬뜩합니다.
자연을 사람을 살리는 데에 이용하는 것이 아니라 사람을 죽이는 데에 이용하는
지식인의 비정한 과학이 두렵습니다. 단종비(端宗妃)를 자기 집의 노비로 내려주기를
청탁하던 대신들의 몰인정한 이야기까지 회상되면서 다시 한번 우리의 마음을
싸늘하게 합니다.

어릴 때의 충격은 깊이 각인되는 것인지 단종의 나이 때에 읽었던 소설『단종애사』의
기억은 지금도 생생합니다. 지금도 단종의 모습은 그 소설 속에 있는 최후의 모습입니다.
금부도사가 사약을 가지고 내려왔을 때 마침 단종은 집에 없었습니다.
어린 독자였던 나는 단종이 집에 돌아오지 않기를 바라며 얼마나 마음 졸였는지
모릅니다. 그러나 저녁 으스름에 나줄 복득(福得)이 활 시위로 목을 졸라 죽인
단종의 시체를 끌고 오고야 맙니다.

단종은 국왕이란 칭호가 어울리지 않는 어린이입니다. 상왕(上王)이란 칭호는 더욱
그렇습니다. 태어난 지 이틀 만에 어머니마저 세상을 떠난 고아나 다름없었습니다.
어린이를 왕좌에 앉히고, 끌어내리고, 다시 복위(復位)를 도모하고, 유배와 죽음으로
몰아갔습니다.

세조(世祖)의 왕권 찬탈은 흔히 부도덕한 것으로 매도되고 단종 복위를 모의하다
주륙당한 집현전 학사들은 선왕의 고명(顧命)을 받든 충절의 사람으로 추모됩니다.
그러나 세조의 주변에 결집한 세력의 사회적 성격은 무엇이며 그처럼 살벌한 상황에도
아랑곳없이 기어이 복위를 도모했던 집현전 학사들의 충절과 명분은 얼마만큼
정의로운 것인가 하는 의문을 금치 못합니다.
전제왕권제(專制王權制)가 조선시대의 효율적인 정치체제라거나
의정부집정제(議政府執政制)가 보다 민주적 합의제라는 논의도 결과적으로
어느 한쪽에 가담하는 것이란 점에서 그것을 넘어서지 못하기는 마찬가지라고
할 수 있습니다.

해 저무는 청령포의 화두(話頭)는 한 어린이의 무고한 죽음입니다. 그리고 정권쟁탈의
잔혹함입니다. 정(政)은 정(正)이고 권(權)은 균형(均衡)이라고 하였습니다.
그러나 청령포에서 바라보는 정치는 결코 그런 것이 아닙니다. 정치는 정권을 바라고
정권은 재부(財富)의 경영과 세습을 향하여 나아간다는, 믿고 싶지 않은 당신의 글을
다시 읽게 됩니다. 금(金) 없이 권(權)이 설 수 없고 권(權) 없이 금(金)이 재생산될 수
없기 때문에 금권의 야합과 세습, 그것은 고금을 통하여 변함 없는 정치적 주제라
하였습니다. 민생(民生)과 철학은 그것의 방편에 불과한 것인지도 모릅니다.
부(富)의 형태가 토지에서 자본으로 변화된 오늘날에도 그 내용은 변함이 없다는 생각이
듭니다. 정권이 정치의 목표인 한 이념과 철학이 설 자리는 없습니다.
정치는 오로지 단수(段數)로 그 우열이 매겨질 뿐입니다.

청령포는 유괴되고 살해된 한 어린이의 추억에 젖게 합니다. 무고한 백성의 비극을 읽게 합니다. 역사의 응달에 묻힌 단종비 정순왕후(定順王后)의 여생이 더욱 그런 느낌을 안겨줍니다. 궁중에서 추방당한 그녀는 서울 교외의 초막에서 동냥과 염색업으로 한많은 생애를 마칩니다.

그녀의 통곡이 들려오면 마을 여인들도 함께 땅을 치고 가슴을 치며 동정곡(同情哭)을 하였다고 합니다. 핏빛보다 더 진한 자줏빛 물감을 들이며 가난한 한 포기 민초로 사라져갑니다. 동정곡을 하던 수많은 여인들의 마음이나 동강에 버려진 단종의 시체를 수습했던 영월사람들의 마음을 '충절'이란 낡은 언어로 명명(命名)할 수는 없다고 생각합니다. 그들의 동정은 글자 그대로 그 정(情)이 동일(同一)하였기 때문입니다. 같은 설움과 같은 한(恨)을 안고 살아갔던 사람들이었기 때문이라고 생각합니다.

우리에게 남겨진 과제는 단종을 궁중으로부터 이들의 이웃으로 옮겨오는 일인지도 모릅니다.

단종을 정순왕후의 자리로 옮겨오고, 다시 가난한 민초들의 삶 속으로 옮겨오는 일입니다. 단종의 애사(哀史)를 무고한 백성들의 애사로 재조명하는 일이라고 생각합니다.

그것이 상투적인 역사적 포폄(襃貶)을 통하여 지금도 재생산되고 있는 봉건적 잔재를 청산하는 길이며, 구경거리로서의 정치를 청산하고 민중이 객석으로부터 무대로 나아가는 길이며 민(民)과 정(政)이 참된 벗(大友)이 되는 길이기 때문입니다.

드높은 삶을 지향하는 진정한 합격자가 되십시오
새 출발점에 선 당신에게

'예비합격자' 명단에서 당신의 이름을 보고 축하를 해야 하나 말아야 하나
망설여왔습니다. 1등만을 기억하는 세상에서 수능점수 100점으로 예비합격한 당신을
축하할 자신이 내게도 없었습니다. 지금쯤 당신은 어느 대학의 합격자가 되어
대학생활을 시작하고 있거나, 아니면 기술학원에 등록을 해두었는지도 모릅니다만
어쨌든 나는 당신과의 약속을 지키기 위하여 축하의 편지를 씁니다.
이제 대학입시라는 우리 시대의 잔혹한 통과의례를 일단 마쳤기 때문입니다.

나와 같이 징역살이를 한 노인 목수 한 분이 있었습니다. 언젠가 그 노인이 내게
무얼 설명하면서 땅바닥에 집을 그렸습니다. 그 그림에서 내가 받은 충격은 잊을 수
없습니다. 집을 그리는 순서가 판이하였기 때문입니다. 지붕부터 그리는 우리들의
순서와는 거꾸로였습니다. 먼저 주춧돌을 그린 다음 기둥·도리·들보·서까래·지붕의
순서로 그렸습니다. 그가 집을 그리는 순서는 집을 짓는 순서였습니다.
일하는 사람의 그림이었습니다. 세상에 지붕부터 지을 수 있는 집은 없습니다.
그럼에도 불구하고 지붕부터 그려온 나의 무심함이 부끄러웠습니다.
나의 서가(書架)가 한꺼번에 무너지는 낭패감이었습니다. 나는 지금도 책을 읽다가
'건축'이라는 단어를 만나면 한동안 그 노인의 얼굴을 상기합니다.

차치리(且置履)라는 사람이 어느 날 장에 신발을 사러 가기 위하여

발의 크기를 본으로 떴습니다.

이를테면 종이 위에 발을 올려놓고 발의 윤곽을 그렸습니다.

한자(漢字)로 그것을 탁(度)이라 합니다.

그러나 막상 그가 장에 갈 때는 깜박 잊고 탁을 집에 두고 갔습니다.

신발가게 앞에 와서야 탁을 집에다 두고 온 것을 깨닫고는 탁을 가지러 집으로

되돌아갔습니다. 제법 먼 길을 되돌아가서 탁을 가지고 다시 장에 도착하였을 때는

이미 장이 파하고 난 뒤였습니다.

그 사연을 듣고는 사람들이 말했습니다.

"탁을 가지러 집에까지 갈 필요가 어디 있소. 당신의 발로 신어보면 될 일이 아니오."

차치리가 대답했습니다.

"아무려면 발이 탁만큼 정확하겠습니까?"

주춧돌부터 집을 그리던 그 노인이 발로 신어보고 신발을 사는 사람이라면

나는 탁을 가지러 집으로 가는 사람이었습니다.

탁(度)과 족(足), 교실과 공장, 종이와 망치, 의상(衣裳)과 사람, 화폐와 물건,

임금과 노동력, 이론과 실천……. 이러한 것들이 뒤바뀌어 있는 우리의 사고(思考)를

다시 한번 반성케 하는 교훈이라고 생각합니다.

나는 당신을 위로하기 위하여 이 이야기를 전하는 것이 아닙니다. '위로'는 진정한

애정이 아닙니다. 위로는 그 위로를 받는 사람으로 하여금 스스로가 위로의 대상이라는

사실을 확인케 함으로써 다시 한번 좌절하게 하는 것이기 때문입니다.

나는 당신이 대학의 강의실에서 이 편지를 읽든 아니면 어느 공장의 작업대 옆에서 읽든 상관하지 않습니다. 어느 곳에 있건 탁이 아닌 발을 상대하고 있다면 상관 없다고 생각합니다.

만일 당신이 사회의 현장에 있다면 당신은 당신의 살아 있는 발로 서 있는 것입니다. 그리고 만일 당신이 대학의 교정에 있다면 당신은 더 많은 발을 깨달을 수 있는 곳에 서 있는 것입니다. 대학은 기존의 이데올로기를 재생산하는 '종속의 땅'이기도 하지만 그 연쇄의 고리를 끊을 수 있는 '가능성의 땅'이기도 하기 때문입니다.

당신은 그동안 못 했던 일을 하고, 만나고 싶은 사람을 만나고, 가고 싶은 곳을 찾아가겠다고 했습니다.

대학이 안겨줄 자유와 낭만에 대한 당신의 꿈을 모르지 않습니다.

지금까지 얽매여 있던 당신의 질곡을 모르지 않습니다.

당신은 지금 그러한 꿈이 사라졌다고 실망하고 있지나 않은지 걱정됩니다.

그러나 '자유와 낭만'은 그러한 것이 아닙니다. 자유와 낭만은 '관계의 건설공간'이란 말을 나는 좋아합니다. 우리들이 맺는 인간관계의 넓이가 곧 우리들이 누릴 수 있는 자유와 낭만의 크기입니다. 그러기에 그것은 우리들의 일상(日常)에 내장되어 있는 '안이한 연루(連累)'를 결별하고 사회와 역사와 미래를 보듬는 너른 품을 키우는 공간이어야 합니다.

그리하여 당신이 그동안 만들지 않고도 공부할 수 있게 해준 수많은 사람들의 얼굴을 만나는 연대의 장소입니다. 우리 사회를 지탱하고 있는 발의 임자를 깨닫게 하는 '교실'입니다. 만약 당신이 대학이 아닌 다른 현장에 있다면 더 쉽게 그들의 얼굴을 만날 수 있습니다. 당신이 바로 그 사람이 될 수 있기 때문입니다.

그래서 나는 당신의 수능시험성적 100점은 그야말로 만점인 100점이라고 생각합니다.

그것은 올해 당신과 함께 고등학교를 졸업한 67만 5천 명의 평균점수입니다.

당신은 친구들의 한복판에 서 있다는 것을 잊지 말아야 합니다.

중간은 풍요한 자리입니다. 수많은 곳, 수많은 사람을 만나는 자리입니다.

그보다 더 큰 자유와 낭만은 없습니다.

언젠가 우리는 늦은 밤 어두운 골목길을 더듬다가 넓고 밝은 길로 나오면서

기뻐하였습니다. 아무리 작은 실개천도 이윽고 강을 만나고 드디어 바다를 만나는

진리를 감사하였습니다. 주춧돌에서부터 집을 그리는 사람들의 견고한 믿음입니다.

당신이 비록 지금은 어둡고 좁은 골목길을 걷고 있다고 하더라도 나는 당신을

걱정하지 않습니다. 당신의 발로 당신의 삶을 지탱하고 있는 한 언젠가는 넓은 길,

넓은 바다를 만나리라 믿고 있습니다. 드높은 삶을 '예비' 하는 진정한 '합격자' 가

되리라고 믿고 있습니다. 그리고 그 길의 어디쯤에서 당신과 만날 수 있기를 기대합니다.

광화문의 동상 속에는 충무공이 없습니다
한산섬의 충무공

충무공 이순신 장군이 한산섬에 가 있으리라는 당신의 말을 따라 오늘은 충무공을 찾아서 이곳 한산섬에 왔습니다. 당신은 광화문 네거리에 서 있는 충무공 동상 속에는 이순신 장군이 없다고 하였습니다. 밤중에 '구리 이순신'이 그 무거운 입을 열어 지나가는 엿장수에게 구리 갑옷을 벗겨달라고 하는 말을 들었다고 하였습니다. 부릅뜬 눈으로 큰 칼 짚고 서서 경복궁과 청와대를 지키는 일을 이제 그만두고 어디론가 떠나고 싶어한다고 하였습니다.

탄신 451주년을 맞은 엊그제도 화환 두 개가 발 밑을 밝히고 있는 것만 다를 뿐 아무도 가까이 다가갈 수 없기는 여느 때와 조금도 다름없었습니다. 나는 당신의 말이 맞다고 생각했습니다. 그리고 이곳으로 그를 찾아왔습니다. 과연 충무공 이순신 장군은 이곳에 있었습니다. 구리 갑옷을 벗고 시원한 바닷바람에 머리카락 날리며 백의종군(白衣從軍)의 옷차림으로 푸른 물에 얼굴을 씻고 있었습니다.
미륵산·개미목·학섬·죽도·봉화대·활터 그리고 잠 못 이루고 뒤척이던 수루……. 여기야말로 충무공이 그토록 그리워하던 곳이었음을 알 수 있습니다.

한산섬은 1593년 본영(本營)을 여수에서 이곳으로 옮겨온 후 1597년 충무공이
서울로 압송될 때까지 4년간을 지키고 있었던 곳입니다.

오늘 이곳에서 만나는 충무공의 첫번째 모습은 옥포(玉浦)해전의 승리를 시작으로
당포(唐浦)·한산도(閑山島)·부산해전에 이르기까지 연이은 대첩(大捷)을 휘몰아
삼도수군통제사(三道水軍統制使)로 우뚝하게 일어서는 모습입니다.
일본군의 예봉을 꺾어 간담을 서늘하게 한 위풍당당한 모습입니다.

두번째의 모습은 극도로 긴장하고 있는 모습입니다. 언제 다시 반격해올지 모르는
팽팽한 대치상황 속에서 나라의 존망을 한 몸에 지고 일본군이 움직이는 순간을 노리고
있는 모습입니다. 거제해협과 진도해협을 거쳐 서해(西海)와 한강(漢江)으로 이어지는
일본군의 해상진격로와 보급로를 봉쇄하고 충청·전라의 양호(兩湖) 백성들과
곡창(穀倉)을 지켜야 하는 전략지점에 서서 잠시도 방심할 수 없는 나날을 보내고 있는
모습입니다.

세번째의 모습은 조정을 기만하고 임금을 무시한 죄, 적을 토벌하지 않고 나라를 저버린
죄로 압송되는 죄인의 모습입니다. 모함과 당쟁의 희생이 되어 하루아침에 죄인으로
전락하는 비통한 모습입니다.

네번째의 모습은 옥에서 풀려나와 통곡하는 모습입니다. 패전의 비보를 듣고 피란민의
행렬 속에서 땅을 치며 통곡하는 모습입니다. 그가 이룩해놓은 함대는 형적도 없이
파괴되고 군량(軍糧)·화약(火藥)·총통(銃筒) 할 것 없이 피땀으로 쌓아놓은
군비(軍備)는 한 줌의 재로 불타버리고 백성들마저 적들의 어육이 되어 짓밟히고 있는
참담한 패보(敗報)를 접하고 통곡하는 모습입니다.

그리고 마지막 모습은 병선 12척을 이끌고 100여 척이 넘는 일본함대를 향하여 돌진하는 비장한 모습과 일본함대를 격퇴하고 승리를 눈앞에 둔 환희의 순간에 조용히 눈감고 세상을 떠나는 모습입니다.

한산섬에는 이처럼 환희와 통곡, 호령과 침묵이 교차되는 실로 살아 있는 충무공의 얼굴이 푸른 바다 위에 가득히 펼쳐집니다. 이러한 얼굴들은 자동차의 물결 속에 서 있는 광화문의 '구리 이순신'의 표정에서는 감히 상상도 할 수 없는 모습입니다.

그러나 오늘 정작 이곳 한산섬 앞바다에 와서 발견한 가장 놀라운 사실은 그의 이러저러한 모습은 언제나 수많은 백성들 속에서 발견된다는 사실입니다.
불바다에서 호령하고 있을 때에도, 팽팽한 긴장 속에서 적과 대치하고 있을 때에도 그리고 옥에서 풀려나와 폐허가 된 군진(軍陣)으로 돌아올 때마저도 그의 주변에는 수많은 백성들이 몰려들었습니다. 함선을 만들고 수리하는 사람, 활을 만들고 화약을 만드는 사람, 적의 움직임을 알려오는 사람, 바닷물길을 가르쳐주는 사람, 둔전을 일으키고 고기를 잡고 소금을 구워 군량을 마련하는 사람…….
그는 언제나 사람들로 에워싸여 있었습니다.
달 밝은 밤 홀로 앉아 있는 동안에도 그는 전화(戰禍)에 떨고 있는 수많은 생령들과 함께 있었습니다. 몇몇 권세가와 머리를 맞대고 있는 그의 모습이란 감히 상상조차 할 수 없습니다.

『난중일기』(亂中日記)에는 군관·병사 그리고 마을의 고로(古老)와 노복(奴僕)들에 이르기까지 일일이 그들의 이름을 기록하고 있습니다. 사람들의 운집(雲集) 속에 서 있는 충무공의 모습이야말로 그의 참모습임을 알 수 있습니다. 그의 탁월한 전략도 바로 이러한 사람들로부터 나오는 것이며, 연전연승 불패(不敗)의 신화도 바로 이러한 사람들로부터 나오는 것이며, 군량(軍糧)도 병력(兵力)도 이 풍부한 사람들로부터 나오는 것임을 깨닫게 합니다.

무거운 구리옷 벗어버리고 바람에 옷자락 날리며 바다처럼 풍부한 사람들의 한복판에 서 있는 충무공의 모습을 지켜보면서 나는 당신의 글을 다시 읽습니다.
"사람들의 머리 위에 서 있는 우상(偶像)은 사람들을 격려하기보다는 더 많은 사람들을 좌절하게 하는 것이라는 점에서 그것은 본질에 있어서 억압(抑壓)이다."
천재와 위인(偉人)을 부정하는 당신의 이유를 알 것 같습니다. 광화문의 동상 속에 충무공이 없다는 당신의 말을 알 수 있습니다. 가장 강한 사람이란 가장 많은 사람의 힘을 이끌어내는 사람이며, 가장 현명한 사람이란 가장 많은 사람의 말을 귀담아 듣는 사람이기 때문입니다.
나는 한산섬을 떠나오면서 우리는 얼마나 많은 우상을 머리에 이고 걸어가고 있는가를 반성하게 됩니다. 그리고 우리 시대가 발견해야 할 수많은 사람(衆)과 땅(大地)은 어디에 있는가를 생각하게 됩니다.

헛된 시비 등지고 새 시대 예비한 고뇌
가야산의 최치원

가야산 해인사 입구의 그리 높지 않은 석벽에는 고운 최치원(孤雲 崔致遠)의 시가 새겨져 있습니다.

> 첩첩이 쌓인 바위계곡을 굽이치며 온 산을 뒤흔드는 물소리 때문에
> 지척에서도 사람들의 말을 분간하기 어렵다
> 나는 항시 어지러운 시비가 두려워
> 흐르는 물길로 산을 완전히 에워싸놓고 있노라
> 狂賁疊石吼重巒　人語難分咫尺間
> 常恐是非聲到耳　故教流水盡籠山

이 석벽을 '제시석'(題詩石)이라 부르고 또 이 시를 쓴 다음 우화등선(羽化登仙)하였다는 전설 때문에 사람들은 이 시를 등선시(登仙詩)라고도 합니다. 그러나 선경(仙境)을 묘사한 듯한 이 시에서 나는 오히려 선경의 반대편에 서 있는 고운의 고뇌를 읽게 됩니다. 부패와 정쟁(狂賁疊石)으로 어지러운 신라사회에서 그의 개혁의지(人語)가 벽(是非)에 부딪쳐 좌절당한 한 지식인의 고독(籠山)과 고뇌(恐)가 배어 있었습니다. 거침없는 필세(筆勢)에서 지금도 그의 음성이 들려오는 듯합니다.

가야산 입구 최치원의 친필 「제시석」(題詩石). 헛된 시비의 벽에 부딪쳐 좌절당한 지식인의 고독과 고뇌가 배어 있다.

이 석벽에는 목은 이색(牧隱 李穡)·점필재 김종직(佔畢齋 金宗直) 등 당대의 대유(大儒)들이 다녀간 흔적이 남아 있고 매월당 김시습(梅月堂 金時習)·만해 한용운(萬海 韓龍雲)도 이 석벽을 찾은 기록이 있습니다. 역대의 양심적인 지식인들이 고운의 뜻을 이어오고 있음을 알 수 있습니다.
지금은 해인사 진입로가 홍류동 계곡을 아스팔트로 갈라놓고 있지만 이곳에는 제시석과 독서당, 농산정 그리고 갓과 신발만을 남기고 사라진 곳에 서 있는 둔세비(遯世碑)가 천년을 격한 지금도 고운의 모습을 전하고 있습니다.

아마 우리가 고운을 처음으로 만난 것은 당나라에서 그의 문명(文名)을 드날린 「토황소격문」(討黃巢檄文)에서였다고 기억됩니다. 그 격문이 비록 적장의 간담을 서늘하게 한 명문이라 하더라도 황소가 당나라의 학정에 견디지 못하여 궐기한 농민장수인 한 그것은 고운의 반농민적인 입장을 증거하는 것일 뿐이었습니다. 당신은 말했습니다. 그 격문은 이를테면 60년대의 미국 유학생이 미국 일간지에 기고하여 성가를 얻은 베트남 북폭지지 칼럼과 다르지 않다고 하였습니다. 우리들의 문화적 식민성이 당나라의 벼슬과 문명(文名)을 과대하게 평가하고 있다는 극단적 언어를 즐겼습니다.
그러나 오늘 이 홍류동 물가의 농산정에 앉아 고운을 다시 돌이켜보며 그때의 작은 자(尺)를 반성합니다. 사람을 읽는 자는 적어도 그 사람의 일생보다는 길어야 하고 그 사람이 살았던 시대와 역사만큼 넓어야 하기 때문입니다.

열두 살에 당나라로 유학을 간 고운에게는 당시 세계 최고의 문명인 당문명(唐文明)에 대한 심취가 당연한 것이었으리라 생각됩니다. 농민반란이 그러한 문명의 파괴자로 이해되는 것이 적어도 고운에게는 무리가 아니었다는 생각이 듭니다.

뿐만 아니라 그가 이역만리에서 몸소 겪어야 했던 중상모략·유배 그리고 당나라 고관들의 만류를 뿌리치고 내린 귀국의 결단은 우리의 협소한 시각을 부끄럽게 합니다. 더욱이 고국의 현실 속에서 쏟았던 그의 개혁의지에 생각이 미치면 그의 아픔과 진실이 더욱 절실하게 다가옵니다.

신라의 하대(下代) 155년간은 왕의 평균 재위기간이 8년을 넘지 못할 정도로 정권쟁탈과 하극상이 극에 달했던 병(兵)과 흉(凶)의 혼란기였습니다. 고질적인 골품제와 귀족들의 전횡과 부패 그리고 수탈과 기근을 견디지 못한 농민들의 광범한 반란의 시대였습니다.

그는 개혁정책(時務十余策)을 건의하여 구국의 의지를 불태웠지만 수구 기득권층의 완강한 반대와 모함으로 변방의 외직으로 밀려납니다. 그러나 그는 지방고을에서도 개혁 노력을 포기하지 않습니다. 함양의 상림(上林)은 그가 함양태수로 내려와 조성한 우리나라 최초의 그리고 최대 규모의 방풍·방재림으로서 마을의 오랜 숙원사업이기도 하였습니다. 상림에는 지금도 2만여 그루의 정정한 나무들이 우람한 숲을 이루어 봄을 기다리고 있었습니다.

이러한 노력에도 불구하고 고운의 이상은 거듭되는 현실의 벽 앞에서 서서히 그리고 결정적으로 좌절해갑니다.

그러나 중요한 것은 이러한 좌절의 과정에서 보게 되는 그의 인식의 변화라 할 수
있습니다. 부패한 귀족들을 미인의 탈을 쓴 여우로 매도하고 선비의 탈을 쓴 살쾡이들을
증오하였으며 종일토록 비단을 짜면서도 한번도 비단옷을 걸쳐보지 못하는
일하는 여자들에 대한 연민의 정을 토로하고 있습니다. 「토황소격문」의 성토대상이었던
농민세력의 실상에 대하여 새로운 이해를 갖게 됩니다. 세계주의에서 민족적 입장으로
그리고 문화주의에서 인간주의로 옮아가는 그의 변화를 읽을 수 있습니다.

해운대가 고운의 또 다른 호를 딴 지명이라는 사실에서도 알 수 있듯이 고운은
실의와 좌절을 달래기 위하여 많은 곳을 유람하면서 새로운 시대를 예비해나갑니다.
고운은 실천적 지식인으로서 겪은 엄청난 좌절에도 불구하고
유(儒)·불(佛)·노장(老莊) 사상 뿐만 아니라 풍수지리와 국중(國中)의
현묘지도(玄妙之道)에 이르기까지 광범한 사상을 종합하여 다가올 중세사상의 지평을
열어나갔던 것입니다.
고운이 가야산으로 입산하게 된 직접적인 계기도 그가 왕건에게 보낸 글 중에 있는
계림황엽(鷄林黃葉) 곡령청송(鵠嶺靑松)이란 구절 때문이었다는 기록이 있습니다.
경주는 이미 기울었고 개성은 푸른 솔이라 하여 그는 왕건에게 다음 시대를 기대하였던
것입니다. 이 구절이 신라왕의 노여움을 사게 되자 급히 가족들을 데리고
이곳 가야산으로 피신해 들어온 것입니다. 고운이 이 홍류동 계곡에 몸을 던져 죽었다는
그의 자살설을 뒷받침할 증거는 어디에도 없지만 지금도 변함없이 흐르는
계곡의 물소리는 격동기에 처한 지식인의 이상과 현실이 어떻게 조우하는가를
이야기해주고 있는 듯합니다.

빼어남보다 장중함 사랑한 우리 정신사의 '지리산'
남명 조식을 찾아서

금강산은 빼어나긴 하나 장중하지 못하고(秀而不壯) 지리산은 장중하나 빼어나지 못하다(壯而不秀)고 합니다. 금강산은 그 수려한 봉우리들이 하늘에 빼어나 있되 장중한 무게가 없고, 반면에 지리산은 태산부동의 너른 품으로 대지를 안고 있되 빼어난 자태가 없어 아쉽다는 뜻이라 할 수 있습니다.

물론 빼어나기도 하고 장중하기도 하다면 더 할 나위가 없겠지만 산의 경우이든 사람의 경우이든 이 둘을 모두 갖추고 있기란 매우 드물다고 할 수 있습니다. 수(秀)와 장(壯)은 서로 양립할 수 없는 속성인지도 모릅니다. 이 둘 가운데 하나만을 택하라고 한다면 나는 단연 수(秀)보다는 장(壯)을 택하고 싶습니다. 장중함은 얼른 눈에 띄지도 않고 그것에서 오는 감동도 매우 더딘 것이기는 하지만 그것의 '있음'이 크고 그 감동이 구원(久遠)하여 가히 '근본'을 경영하고 있기 때문입니다.

해발 2천여 미터의 지리산 천왕봉이 바라다보이는 덕천강가에는 지리산만큼 무거워 크게 두드리지 않으면 대답이 없는(非大扣無聲) 고고한 선비 남명 조식(南冥 曺植)의 산천재(山天齋)가 있습니다.

퇴계(退溪)와 더불어 영남유학의 쌍벽이었으되 일체의 벼슬을 마다하고 지리산 자락에
은둔하였던 남명은 한 시대의 빼어난 봉우리라고 할 수는 없을지 모르지만 우리나라의
정신사에서 그의 위상이 차지하는 무게는 가히 지리산의 그것에 비길 만하다고
생각됩니다.
퇴계가 "나의 명정에는 처사(處士)라고만 쓰라"는 유언을 남겼다는 말을 듣고
할 벼슬 모두 다 하고 처사라니 진정한 처사야말로 나뿐이라는 말을 남겼을 만큼 그는
우리 역사에서 유일하게 사(士)에 처한 사람인지도 모릅니다.

산천재는 남명이 생애의 마지막 10년을 보낸 곳으로 지금은 강물을 돌려놓아서 둘레가
매우 삭막하지만 강가의 절벽 위에 서 있던 당시의 산천재와 이곳에 앉아 천왕봉을
마주하고 있었을 남명의 모습은 가히 지리산의 장중함을 연상케 합니다.
그러나 오늘은 어제 내린 비 뒤끝이 채 걷히지 않아 짙은 구름 때문에 마치 문을 열지
않는 남명처럼 천왕봉을 볼 수가 없습니다.
산천재 정면 마루 위의 벽면에는 소를 모는 농부와 냇물에 귀를 씻는
소부(巢父) 허유(許由)의 고사가 벽화로 남아 있고 주련(柱聯)에는 남명의 고고함을
전해주는 시구가 있습니다.

　　　봄산 어딘들 향기로운 풀 없으랴만
　　　　하늘을 떠받치고 있는 천왕봉을 사랑하여 이곳에 있노라.
　　　　春山底處無芳草　只愛天王近帝居

퇴계가 풍기군수로 있을 당시 그곳의 백운동서원에 어필을 받아 사액서원(賜額書院)의 효시를 열고 곳곳에 서원을 건립하였던 것과는 대조적으로 남명은 철저하게 선비의 재야정신(在野精神)을 고수하였습니다.

서원이 초기의 개혁적 성격을 잃고 결국 붕당의 후방기지가 되고 향촌사림의 출세의 거점이 되어 경향(京鄕)의 이해관계가 유착된 정치적 집단으로 전락해가는 것과는 대조적으로, 남명은 철저한 재야정신의 역사적 의의를 누구보다도 일찍이 꿰뚫어보고 이를 견고하게 지켜온 형안(炯眼)의 소유자였다고 생각합니다.

경(敬)과 의(義)를 근간으로 하는 학문의 대도(大道)는 그것만으로도 어떠한 현실정치보다 더 높은 차원에서 더 오랜 생명력으로 사회를 지탱할 수 있고 또 지탱하여야 한다는 강한 믿음을 그는 갖고 있었습니다. 하늘에 높이 빼어나지는 않되 흡사 산맥 속에 묻힌 숯처럼 역사의 동력을 갈무리하는 중후한 무게를 그는 재야라는 공간에서 이루어내었던 것입니다.

백성은 물이요 임금은 물 위의 배에 지나지 않는 것. 배는 모름지기 물의 이치를 알아야 하고 물을 두려워하여야 한다는 지론을 거침없이 갈파한 남명. 벼슬아치는 가죽 위에 돋은 털에 지나지 않음에도 불구하고 백성들의 가죽을 벗기는 탐관오리들을 질타하였습니다.

산천재 마루에 앉아서 지리산을 바라보고 있으면 장중한 지리산의 자태가 바로 크게 두드리지 않으면 열리지 않는 민중적인 재야성(在野性)이라는 것을 깨닫게 됩니다.

경남 지리산 자락의 산천재. 마루에 앉아 지리산을 바라보고 있으면 지리산의 자태가 크게 두드리지 않으면 열리지 않는 민중적인 재야성이라는 것을 깨닫게 됩니다.

그러나 크게 두드리는 민족사의 고비에는 마치 지리산이 몸을 열고 걸어나왔던 것처럼 남명의 제자들은 몸을 던져 그 의(義)를 몸소 실천하였습니다. 재야의 요체는 한마디로 이러한 진퇴의 중후함이라 생각됩니다.

'오늘의 개량'에 매몰되는 급급함보다는 '내일의 건설'을 전망하는 유장함이 더 소중한 까닭은 오늘의 개량이 곧 내일의 발전으로 연결되지 않는다는 사실 때문입니다.

그렇기 때문에 재야의 요체는 독립성이라 믿습니다. '오늘'로부터의 독립이라 믿습니다. 구름 속에 묻혀 있는 천왕봉을 바라보고 있자니 문득 지리산의 소리가 들려오는 듯하였습니다. 성장(成長)과 출사(出仕)의 급급함에 매달려 있는 우리의 오늘을 개탄하던 당신의 목소리가 들려오는 듯하였습니다.

나는 당신이 일러준 대로 돌아오는 길에 거창에 들러 거창고등학교를 찾았습니다.
시가지 변두리에 보잘 것 없는 교사가 울타리도 없이 서 있었습니다.
그러나 이 학교는 대안교육을 모색하는 많은 사람들이 그들의 자녀를 보내는 곳입니다.
휴일이라 인적도 없는 교정을 돌아보다가 강당의 벽면에서 다음과 같은 직업선택의
십계(十戒)를 발견하였습니다.
"아무도 가지 않는 곳으로 가라."
"사회적 존경 같은 것을 바라볼 수 없는 곳으로 가라."
"왕관이 아니라 단두대가 기다리는 곳으로 가라."
한 시대의 빼어남을 지향하는 길을 가지 말고 장중한 역사의 산맥 속에서 익어가는
숯이 될 것을 요구하고 있었습니다. 기계의 부품이 되지 말고 성성한 한 그루 나무가
되기를 요구하고 있었습니다. 결코 무너지는 일이 없는 지리산의 장중함이면서 동시에
남명의 철학이었습니다.

목표의 올바름을 선(善)이라 하고
목표에 이르는 과정의 올바름을 미(美)라 합니다
섬진강 나루에서

오늘은 섬진강의 한적한 나루에서 이 엽서를 띄웁니다. 지리산을 찾아가는 길에 잠시 강가의 주막(?)에 앉아 다리쉼을 하다가 문득 떠오르는 시구가 있어서 이곳에서 엽서를 띄우기로 하였습니다.

　　강나루 주막의 술은 물을 타서 묽기도 하고
　　봄산에서 내려오는 나뭇짐에는 꽃이 반이나 섞여 있구나
　　酒沽江店多和水　柴下春山半雜花

지금은 물론 주모(酒母)가 술에다 물을 섞을 여지도 없고 산에서 나뭇짐을 지고 내려오는 나무꾼이 있을 리도 없습니다. 그러나 섬진강 맑은 물과 강언덕에 피어난 봄꽃들의 화사함은 변함 없는 시정(詩情)을 담고 있습니다. 개나리·진달래·산수유와 같은 이른 봄꽃은 땔감이 될 수 없음에도 불구하고 나뭇짐에 올라 있고, 물 탄 술(和水酒)은 한마디로 진국이 아닌 함량 미달의 불량품임에도 불구하고 주모의 영악한 상혼(商魂)을 탓하기는커녕 그 묽은 술잔을 들고 시를 읊조리는 나그네의 훈훈한 마음이 춘풍처럼 불어오는 듯합니다.

벚꽃이 활짝 핀 섬진강 나루.

춥고 긴 겨울을 끝내고 바야흐로 꽃과 함께 다가온 새봄의 따사로움이 우리들의 마음을 어떻게 적셔주고 있는가를 그림처럼 그려내고 있습니다. 꽃가지가 섞인 나뭇짐과 물 탄 술의 이야기는 새봄의 기쁨이 열어주는 모든 사람들의 여유이면서 너그러움입니다.

그러나 오늘 이 시구는 봄날의 푸근함 대신에 문득 아픈 기억을 되살려놓습니다. 물 탄 술의 이야기가 아니라 '물 탄 피'(和水血)의 이야기입니다. 대학병원에서 피를 팔기 전에 매번 찬물을 잔뜩 들이켜고 나서 채혈실로 들어갔다는 어느 친구의 기억이 강물처럼 가슴에 흘러듭니다.

하루의 일당을 받지 못하는 날이면 집에 들어갈 얼굴이 없어서 합숙소에 들어
밤잠을 자고 새벽 일찍 대학병원으로 달려가 피를 팔고 그 돈으로 동생들의 끼니를 사서
집으로 들어가는 그런 친구의 이야기입니다.

지금도 나의 뇌리에서 지울 수 없는 것은 어둑새벽 대학병원의 수도꼭지에서
양껏 찬물을 들이켜는 그의 모습입니다. 물을 타서 좀 더 많은 피를 팔려고 했던 그의
모습입니다. 아니 좀 더 적은 피를 팔려고 했던, 좀 더 많은 피를 몸 속에 남기려 했던
그의 허망한 노력입니다.

그리고 또 하나의 지울 수 없는 기억은 자기는 "양심의 가책을 느끼지 않았다"고 하는
그의 단호하고도 위악적(僞惡的)인 표정입니다. 도살장에서 소의 입을 벌리고 강제로
물을 들이켜게 하는 사람도 있고 불량상품을 만들어 내놓는 많은 사람들이 있는 한
자기도 부끄러울 것이 없다는 그의 당당함이었습니다. 그러나 나는 그 단호한 어조와
그 침통한 표정에서 그것이 반어(反語)임을 읽을 수 있었습니다.

그가 들이켠 물이 곧장 혈관으로 들어가 피를 묽게 해준다고 생각하는 그의 가난한
지식이 마음 아픕니다. 그리고 물 탄 피를 팔았다는 양심의 가책을 애써 숨기려 하는
그의 여린 마음이 지금도 잊혀지지 않습니다.

그는 동생들의 끼니를 위하여 좀 더 많은 피를 만들려고 했던 형이었고, 그리고
내일의 노동을 위하여 좀 더 많은 피를 남기려 했던 노동자였을 뿐이었습니다.

나는 설령 그가 들이켠 새벽 찬물이 곧바로 혈관으로 들어가 그의 피를 함량 미달의
불량품으로 만든다고 하더라도 그는 양심의 가책을 느끼지 않아도 된다고 생각합니다.

그가 얻는 부당이득의 용도를 알기 때문입니다. 없이 사는 사람들의 부정은 흔히 그 외형이 파렴치하고 거칠게 마련이지만 그것은 마치 맨손으로 일하는 사람의 손마디가 거친 까닭과 같은 이치라고 생각합니다. 그에게는 '합법적인 불법'을 저지를 수 있는 능력이 없기 때문에 더욱 그렇습니다. 정작 딱한 것은 그 부분을 줌렌즈의 피사체로 잡는 세상 사람들의 춘화적(春畵的) 탐닉이며 그러한 이데올로기의 당의(糖衣)에 길들어 있는 우리들의 빈약한 의식(意識)이라고 해야 합니다.

나는 말없이 흐르는 섬진강가에 앉아 가난한 사람들의 부정을 매도하지 못하는 당신을 생각합니다. 어떠한 경우에도 피는 '상품'이 되어서는 안된다는 당신의 글을 상기합니다. 피는 생명 그 자체이기 때문에 피를 축내는 노동은 어떠한 달성에도 불구하고 '경제'가 아니라는 당신의 글을 다시 읽습니다.
그것이 곧 학습이고, 그것이 곧 예술인 수많은 사람들의 삶과 노동이야말로 경제성장의 최고치(最高値)이고 사회복지의 이상(理想)이 되어야 한다고 믿습니다.
목표의 올바름을 선(善)이라 하고 그 목표에 이르는 과정의 올바름을 미(美)라 합니다. 목표와 과정이 함께 올바를 때를 일컬어 우리는 그것을 진선진미(盡善盡美)라 합니다.

언덕의 봄꽃과는 달리 섬진강의 강물은 아직도 차디찹니다. 강물에 조용히 손 담그면 팔뚝을 타고 오르는 강물의 시린 한기가 전율처럼 가슴을 에입니다. 대상을 바라보는 행위는 아마 자신의 추억을 돌이켜보는 것인지도 모릅니다. 아름다운 봄꽃 한송이를 기뻐할 수 있기 위해서도 우리는 아름다운 꽃의 추억을 가져야 합니다.

하물며 비뚤어진 오늘의 그릇들을 먼저 바로잡는 일 없이 세상의 진정한 봄을 맞이하기는 참으로 어려운 일이 아닐 수 없을 것입니다.

현재에 대한 과거의 위력은 미래에 대한 현재의 의미를 증폭시킴으로써 완결되는 것이기 때문입니다.

가부좌의 한 발을 땅에 내리고 있는 부처를 아십니까
백흥암의 비구니 스님

내가 처음 그 여자를 발견한 것은 그녀의 새치기 때문이었습니다. 뒤늦게 와서 내 앞을 뚫고 먼저 버스에 올랐기 때문입니다. 버스 속에서 그 여자를 다시 주목한 것은 그녀의 옷차림 때문이었습니다. 입석버스에서 제일 화려한 색깔의 옷을 입고 있었습니다.

계속해서 그녀의 거동을 관찰하게 된 까닭은 그녀의 집요한 좌석사냥 때문이었습니다. 너댓 명이 이미 손잡이에 매달려 있는 버스에는 구태여 휘둘러보지 않아도 비어 있는 자리가 남아 있지 않음을 알 수 있습니다. 그럼에도 불구하고 그녀는 집요하게도 앉을 자리를 찾았습니다. 한번에 그치지 않고 두번 세번 둘러보았습니다. 혹시라도 자리를 양보해줄 만한 사람을 찾아서 다가가기도 하고 주로 젊은이들이 앉는 버스 뒤편까지 진출하였지만 아무도 양보하는 사람이 없었습니다. 40대 초반의 나이로는 경로의 대우를 받기에 부족하였고 그녀의 동작이나 기색으로 봐서도 자리가 필요한 환자 같지는 않았습니다.

그녀가 승차하고 난 뒤 다음 다음 정거장쯤이던가 그녀가 서 있던 곳에서 상당히 먼 앞쪽에 자리가 났습니다. 매우 빠른 동작이었지만 실패하였습니다. 다시 몇 개의 정류장을 지나고 나서 드디어 자리를 잡았습니다.

내게는 물론 그녀의 성공을 축하할 마음이 없었지만 그제서야 나도 마음이 놓였습니다. 핸드백을 무릎 위에 올려놓은 다음 이제 여유 있게 차창 밖을 내다보는 그녀의 얼굴은 행복했습니다.

그러나 그런 행복한 표정도 잠시뿐 마치 바늘을 깔고 앉은 듯 질겁하는 얼굴로 변했습니다. 그리고 부랴부랴 자리에서 일어섰습니다. 내릴 채비였습니다.

그녀가 내려야 할 정류장을 그만 지나치고 말았다는 사실을 단번에 알아차린 사람은 아마 그 버스 속에서는 나 한 사람뿐이었을 것입니다. 나는 본의(?) 아니게도 그녀를 승차 때부터 계속 지켜보고 있었기 때문입니다. 나는 본의 아니게도 그녀가 두고 떠난 좌석에 앉았습니다. 상당히 미안하였습니다. 창밖을 내다보았습니다. 8차선 횡단보도를 건너고 있는 그녀의 모습이 눈에 들어왔습니다. 그녀는 굽 높은 구두로 종종걸음을 치고 있었습니다. 너무나 짧았던 그녀의 행복을 생각했습니다. 너무나 빨리 뒤바뀐 그녀의 성공과 실패를 생각했습니다.

백흥암(百興庵)을 찾아가는 길에 지금은 거의 기억에서 사라졌던 버스 속의 여자가 자꾸만 떠오릅니다. 아마 백흥암이 여성출가자인 비구니(比丘尼) 스님들의 도량(道場)이기 때문인지도 모릅니다.

경북 영천시 청통면 치일동 팔공산(八公山) 계곡에 조용히 안겨 있는 백흥암은 일절 외부인을 들이지 않는 닫힌 공간입니다. 가장 먼저 눈에 띄는 것은 빛 바랜 백골(白骨)단청에 배어 있는 조촐한 세월의 흔적입니다.

계곡의 물소리와 목탁소리만 절마당에 고여 있을 뿐 백흥암에 머무르는 동안 우리를 맞아준 스님 외에는 단 한 사람도 볼 수 없을 만큼 적막하였습니다. 의례적인 수사구가 아닌 글자 그대로의 '청정수월도량(淸淨水月道場)'이었습니다. 보화루(寶華樓)에도 문을 달아 닫아두었고 보화루 바깥으로 다시 외인의 출입을 금하는 사립문을 둘렀는데 사립 밖에는 겨울나기 장작더미가 가지런히 갈무리되어 있었습니다. 은해사(銀海寺)의 말사(末寺)이지만 살림은 따로 꾸려간다는 말을 실감케 하였습니다. 40여 명의 비구니 스님들이 수행하고 있음에도 불구하고 백흥암은 아예 재(齋)받이를 하지 않는다고 하였습니다. 절살림을 걱정하는 나의 물음에 비구니 스님은 소이부답(笑而不答)이었습니다. 봄부터 장작을 마련하고 나물을 캐고 소채를 가꾸는 등 울력과 수행(修行) 이외의 일은 극소화하고 있을 뿐 아니라 울력이라는 공동노동에도 생산 이상의 의미를 담고 있었습니다.

승가(僧伽)를 여성출가자에게 개방하였다고는 하지만 여성은 성불(成佛)할 수 없다는 오장설(五障說)이나 100세 비구니일지라도 갓 수계(受戒)한 소년비구를 보면 일어서서 영접해야 하는 율장(律章) 등은 비구니 스님들이 서 있는 자리가 얼마나 한미한가를 짐작케 합니다. 어쩌면 어느 곳에도 좌석이 없는 삶인지도 모릅니다.

백흥암은 3칸의 단아한 극락전 좌우로 심검당(尋劍堂)과 조실방을 달고 있습니다. 동쪽의 심검당은 지혜의 칼을 찾는 선방(禪房)이고 서쪽의 조실방에는 추사가 해배되던 해에 쓴 '십홀방장'(十笏方丈)이란 편액과 주련이 걸려 있습니다.

극락전과 좌우의 요사채가 이루는 절의 공간이 매우 협소하게 느껴지지만
저녁 으스름이나 새벽 미명에 이루어낼 이 작은 공간의 모습이 곧 '지혜의 품'이
되리라는 상상이 어렵지 않았습니다.
'절'을 보고 싶다는 나의 부탁을 받고 선뜻 백흥암으로 나를 이끌고 간 당신의 뜻을
알 수 있었습니다. 속탈(俗脫)한 절집의 모습과 그 속에서 영위되는 울력과 수행은
분명 주아(主我)와 이욕(利慾)의 건너편을 가리키고 있었습니다.
싯다르타는 분명히 '존재(存在)의 환(幻)'을 설파하고 있습니다.
그러나 존재를 연기(緣起) 속으로 해소함으로써 급기야 생명 그 자체마저도
방기(放棄)하지 않을까 하는 두려움이 없지 않습니다.
해어진 장삼 한 벌과 볼펜 두 자루로 설(說)하는 '무소유(無所有)'의 의미는 귀중한
것입니다. 그것은 분명 현대자본주의가 쌓아올리는 사유(私有)와 허영의 욕망구조를
질타하는 것임에 틀림없습니다. 그러나 사찰의 막강한 소유구조 위에 서 있는 무소유의
역설(逆說)은 우리를 쓸쓸하게 합니다.

언덕에 올라 5월의 신록에 안겨 있는 백흥암을 다시 바라보았습니다.
쌀이 걱정되어 백흥암을 일컬어 '배 큰 암'이라 하면서도 스스로의 소용(所用)을
스스로의 노동으로 마련하고 있는 스님들은 이를테면 가부좌의 한 발을 땅에다
내리고 있는 부처라는 생각이 들었습니다.
아무것도 설법(說法)하지 않는 백흥암의 정적(靜寂)과 무위(無位)는 그야말로
문자(文字)를 세우지 않는 침묵의 가르침이었습니다.

최초의 비구니 '마하프라자파티'가 싯다르타를 기른 그의 이모였다는 사실이 새삼스런 의미로 가슴에 와닿습니다. 그녀가 생후 이레 만에 어머니를 여읜 어린 싯다르타를 길러내었듯이 지금도 백흥암의 비구니 스님들은 말없이 또 한 사람의 싯다르타를 기르고 있었습니다.

돌아오는 차창 밖으로 불현듯 버스 속에서 보았던 여인의 모습이 다시 나타났습니다. 부처님 오신 날을 맞아 그녀는 화려한 단청의 사찰 입구에서 등을 달고 있었습니다.

진정한 지식과 정보는 오직 사랑을 통해서만 얻을 수 있습니다
석양의 북한강에서

비교적 징역 초년의 일입니다만 밤마다 바깥세상에 관한 꿈을 꾼다면 몸은 비록 갇혀 있더라도 꿈을 꾸는 시간만큼은 감옥을 벗어날 수 있겠다고 생각했던 적이 있습니다. 적어도 징역의 반은 바깥에서 사는 셈이 되리라고 자위한 적이 있었습니다.
그러나 세월이 지남에 따라 바깥세상에 관한 꿈은 점점 줄어들기 시작하여 아마 사오 년이 지나고 난 후부터는 꿈속에서마저도 바깥으로 나갈 수 없게 되었던 기억이 있습니다. 꿈은 역시 당신의 말처럼 그림자였습니다.

오늘은 모처럼 강가에 앉아서 서울에는 없는 저녁 으스름을 기다리고 있다가 문득 그때의 꿈을 생각합니다. 노을에 물든 수면에 드리운 수영(樹影)과 수면을 가르는 청둥오리들의 조용한 유영(遊泳)이 아름답기 그지없습니다. 그러나 물에 비친 그림자는 손으로 잡을 수도 없고 지나가는 바람에도 쉬이 깨뜨려지는, 지극히 얇은 것이 아닐 수 없습니다. 무엇보다 내가 그 속에 들어갈 수 없다는 점에서 그것은 그때의 꿈과 다름이 없었습니다.

그러나 오늘 우리는 그러한 그림자 속에 들어갈 수 있다는 환상을 강요받고 있습니다.
뛰어난 영상미학의 천재가 아득한 미래의 ET와 먼 과거의 공룡을 우리들에게
안겨준 바 있습니다. 비단 ET나 공룡만이 아니라 전자정보미디어의 급속한 발전이
우리들에게 펼치는 가상공간(cyber space)의 세계도 그와 다를 바 없다고 생각됩니다.
이러한 세계는 이제 우리들의 가까운 곳에 다가와 있습니다. 바로 안방의 탁상에서부터
방문 열듯 쉽게 들어가고 있습니다.

앞으로 정보고속도로가 완공되면 우리의 삶은 통째로 이 도로 위를 질주하게 되리라는
예단마저 없지 않습니다. 고속도로 위로 달려오는 엄청난 양의 정보는 '불확실성'을
줄여주고 우리의 세계를 무한히 확대해주리라고 기대되고 있습니다.
한마디로 정보고속도로는 모든 '거리'를 제거함으로써 우리의 생활방식을 변화시키고
우리의 감각 · 취미 · 사상까지도 바꾸어낼지도 모릅니다.

당신은 이러한 변화에 관하여 '거리'의 제거가 '인간관계' 마저 제거함으로써
도리어 소통(疏通)이 경색될 수도 있다는 점을 우려하였습니다. 그리고 그 도로를 달려
마침내 도착하는 '곳'이 어디인가를 더욱 걱정하였습니다.
오늘의 첨단과학은 인간이 어디로 향하여야 할 것인가에 관해서는 고민하지 않습니다.
그런 점에서 나는 인간의 정체성(正體性)에 대한 오리엔테이션이 없는 한
그것은 과학이 아니라 기술에 불과하다는 당신의 극언에 공감합니다.

노을에 물든 수면을 가르는 청둥오리의 아름다운 유영. 하지만 물에 비친 그림자는 잡을 수 없고 지나는 바람에도 쉽게 깨트려지고 만다. 진정한 지식과 정보는 오직 사랑을 통해서만 얻을 수 있다.

고속도로 위를 숨가쁘게 달려 도달하는 곳은 물론 '정보'와 '가상의 공간'입니다. 그곳에서 만나는 정보와 공간이 설령 그 내용에 관여할 수 있는 이른바 쌍방향(interactive)의 성격을 갖는 것이라고 할지라도 그것은 오히려 그러한 착각을 심화할 뿐이라고 생각합니다.

가상현실을 주관 속에 창조하고 그것을 상대하는 간접경험의 세계는 우리들로 하여금 현실의 긴장으로부터 도피하게 하고 현실을 방기하게 함으로써 엄청난 지배구조의 말단에 단 하나의 칩(chip)으로 매달리게 하는 것이 아닐 수 없습니다.

이른바 소외(疏外)의 어떤 극치입니다.

우리는 이미 상품생산사회에 만연한 허위와 가상의 물신구조(物神構造) 속에 과도하게
매몰되어 있는 것이 사실입니다. 언어재(言語材)와 의상에 의한 자기표현도
본질적으로는 가상의 문화입니다. 그것은 분장과 디자인에 의하여 자기 자신을
건설하려는 그림자의 문화이며, 표면(表面)에 대한 천착입니다.
그것은 껍데기이기 때문에 결국 변화 그 자체에 몰두하지 않을 수 없는 악순환의 운명을
벗어날 수 없을 것입니다. 이미지의 변화로 현실의 변화를 대체해버리는 거대한
정치공학을 실감케 하는 것이 아닐 수 없습니다.
상품미학은 그 기능에 있어서 자본순환의 첨병(尖兵)입니다. 이러한 미학에 포섭된
감성은 그것이 아무리 새로운 것이라 하더라도 결코 전위(前衛)역량으로 발전될 수는
없는 것입니다. 당신이 단 하나의 가능성으로 기대하던 저항성에 대한 신뢰마저
무너지는 것이 아닐 수 없습니다. 저항성에는 그 저항의 근거지가 먼저 요구되는 법이며
개인의 경우 그 근거지는 바로 자기 정체성이기 때문입니다. 그리고 근거지가 없는
저항성은 결국 후기모더니즘의 무정향으로 전락할 수밖에 없을지도 모릅니다.

나는 해 저무는 물가에 앉아서 당신의 우려를 다시 한번 상기합니다.
자기가 땀 흘린 것이 아닌 것으로 자기를 실현할 수 있다고 하는 우리 시대의 집단적
증후군은 기본적으로 환상이고 그림자임에 틀림없습니다. 그러나 나는 '생활은 스스로
자기의 길을 만들어나간다' 는 짧은 시구를 당신에게 드리고 싶습니다.
아침이 되면 간밤의 꿈을 세숫물에 헹구어내듯이 삶은 그 투박한 질감으로 우리를
모든 종류의 잠에서 깨어나게 할 것입니다.

인적이 없는 이곳 강변에도 어느덧 해가 지면서 수면 위의 모든 그림자가 사라지고 없습니다. 끝으로 어느 연기자의 '갈채와 통곡'에 관한 당신의 이야기를 다시 상기시키며 이 엽서를 마치려 합니다.

관객들의 뜨거운 갈채와 함께 막이 내리면 그는 홀로 분장실에 남아 통곡하였다고 하였습니다. 당신은 그의 통곡 때문에 그를 사랑한다고 하였습니다.
갈채는 그에게 보내는 것이 아니라 드라마의 주인공에게 바치는 것임을 잘 알기 때문에 그는 통곡하였다고 하였습니다. '나는 왜 그와 같은 삶을 살지 못하고 무대 위의 그림자로 살고 있는가?' 이것이 통곡의 이유였다고 하였습니다.
텅 빈 분장실에 홀로 남아 쏟아내는 그의 통곡 때문에 당신은 그를 사랑한다고 하였습니다. 통곡은 그를 인간으로 세워놓는 것이기 때문이라고 하였습니다.

진정한 지식과 정보는 오직 사랑과 봉사를 통해서만 얻을 수 있으며 사람과의 관계 속에서 서서히 성장하는 것인지도 모릅니다. 그것은 바깥에서 얻어올 수 있는 것이 아니라 우리의 삶 속에서 씨를 뿌리고 가꾸어야 하는 한 그루 나무인지도 모릅니다.
옛 사람들은 물에다 얼굴을 비추지 말라고 하는 '무감어수'(無鑑於水)의 경구를 가지고 있었습니다. 물을 거울로 삼던 시절의 이야기입니다만 그것이 바로 표면에 천착하지 말라는 경계라고 생각합니다. '감어인'(鑑於人). 사람들에게 자신을 비추어보라고 하였습니다. 사람들과의 사업 속에 자신을 세우고 사람을 거울로 삼아 자신을 비추어보기를 이 금언은 요구하고 있습니다. 사람들의 어깨동무 속에서 흔들리지 않는 바위처럼 살아가기를 요구하고 있습니다.

사람과 산천 융화하는 우리 삶의 원형
강릉 단오제에서

이른 아침 비행기에서 조감(鳥瞰)하는 태백산맥은 산 밑에서 올려다볼 때와는
전혀 다른 모습이었습니다. 높이와 부피가 사라지면서 펼쳐 보이는 그 넓이와 길이의
유장(悠長)함에 놀라게 됩니다. 수많은 산맥들이 팔을 뻗어 대지를 감싸고 있는가 하면
어느새 골짜기마다 흰 안개를 불러들여 사람들의 마을을 솜이불로 덮어주고 있습니다.
나는 안개 사이로 언뜻언뜻 드러나는 마을을 내려다보면서 저 마을 속에서 영위되고
있는 우리의 삶과 그 삶 속의 희노애락을 생각하였습니다.

음력 4월 보름 대관령 국사서낭제를 시작으로 하는 강릉단오제는 한마디로 유장한
산맥에 안기어 살아온 우리의 삶을 조감케 하는 것이었습니다.
서낭제는 대관령의 서낭신을 영접하여 강릉의 여서낭당에 합배(合配)하는 제의입니다.
서낭신이 호랑이를 심부름꾼으로 보내어 강릉의 정씨처녀를 아내로 삼은 날이
4월 보름입니다. 서낭당은 대관령에서 산으로 1킬로미터쯤 올라간 곳에 산신당과
이웃해 있는데 이곳이 바로 호랑이에게 업혀간 처녀 발이 땅에 붙어서 떨어지지
않았던 곳이라고 합니다.

강릉단오제는 대관령 국사서낭제로 시작된다. 이 축제가 융합해내는 화합정신은 깊은 감명으로 다가온다. 사진은 신목에 예단을 걸어 소원을 빌고 여서낭당으로 떠나는 장면이다.

옛날에는 서낭신을 모시러 가는 서낭제 행렬이 참으로 장관이었다고 합니다.
나팔과 태평소, 북·장고를 멘 악대가 무악을 울리며 앞장서면 호장(戶長)·수노(首奴)·
도사령(都使令), 남녀무격(巫覡) 수십 명이 말을 타고 줄을 잇고 다시 그 뒤로 수백명의
마을사람들이 제물을 지고 대관령고개를 걸어 올라갔다고 합니다.
서낭제의 가장 상징적 의례는 부정굿과 서낭굿에 이어 신목(神木)을 베는
대목이었습니다. 신목은 서낭신의 신체일 뿐만 아니라 나무는 옛날부터 하늘과 땅을
연결하는 통로였습니다. 신의 뜻이 인간에게 내려지고 인간의 뜻이 신에게 전해지는
우주수(cosmo-tree)로서 단군사화에 나타나 있는 신단수(神壇樹)에서 그 연원을
찾을 수 있다고 하였습니다.

신장부(神丈夫)가 산으로 올라가 잡은 나무가 강신을 비는 축원과 함께 떨리기 시작하면
평범한 단풍나무는 돌연 신목이 되고 일제히 무격들이 제금을 울리는 가운데
베어집니다. 사람들은 다투어 청홍색 예단을 신목에 걸어 소원성취를 빕니다.
이 신목과 위패를 여서낭당으로 옮겨 합배한 가운데 마치 성화를 밝혀놓고 진행하는
제전처럼 20여 일에 걸친 단오제가 진행됩니다. 동예(東濊)의 무천(舞天)이 가을의
추수감사제였음에 비하여 강릉 단오제는 풍농과 풍어 그리고 마을의 수호를 비는
봄의 기원제입니다.

나는 하루 종일 서낭제와 위패행렬을 뒤따라다니면서 이 축제가 융합해내는 거대한
화합의 정신에 깊은 감명을 받았습니다. 그것은 풍농·풍어의 기원을 넘어서 남(儒)과
여(巫), 민과 관, 양반과 평민이 한데 어울리는 공동의 축제이기 때문이었습니다.

그러나 산신제 · 서낭제 · 영신행렬 그리고 봉안제 등 모든 절차의 앞쪽을 언제나
홀기(笏記)를 부르고, 헌작(獻爵) · 독축(讀祝)을 하는 엄숙한 유교적 제의가 차지하고
있었습니다. 이러한 광경에 불만을 표하는 나에게 당신은 그것이 진정한 의미의
화해이고 조화라고 하였습니다.

혈연을 중시하는 지배층의 문화가 이러한 공간공동체 축제에 합류하게 된 것은
임진왜란과 정묘 · 병자 양란 이후 봉건적 질서가 급격하게 동요되던 시기에 자연촌
단위의 자위조직을 수렴하여 통치구조를 재창출하려는 과정에서 이루어진 것이 아닌가
하는 의심을 떨쳐버리기 어렵지만 당신의 말처럼 조화(調和)야말로 우리의 민족적
정서인지도 모릅니다. 그리고 그러한 공존과 조화가 곧 민중의 지혜라고 할 수도 있을
것입니다.

조(調)는 글자 그대로 말씀(言)을 두루(周) 아우르는 민주적 원리이며 화(和)는 쌀(禾)을
나누어 먹는(口) 밥상공동체임에 틀림없습니다. 당신은 단군조선이
거수국(渠帥國)이라는 자립적인 부족국가간의 화합에 기초를 둔 나라였기 때문에
2,300년이라는 장구한 역사가 가능하였던 점을 상기시켰습니다.
그러나 이러한 문화는 삼국시대 이후 외래종교가 지배계급의 통치사상으로 자리잡음에
따라 민간신앙으로 밀려나고 더욱이 일제치하에서는 공동체의식을 강조하는 마을굿이
집중적으로 탄압을 받아 미신이 됩니다. 특히 급속한 산업화과정에서 공간공동체
자체가 와해됨으로써 그 기반이 상실되고 더구나 구조화된 경쟁원리와 개인주의로
말미암아 이러한 전통은 이제 청동도끼와 나란히 박물관에 진열되어야 할지도
모릅니다.

그러나 강릉 단오제는 사람과 산천을 융화하고 산 사람과 죽은 사람을 화해시키고,
성(聖)과 속(俗), 상(上)과 하(下)를 아우르는 우리 문화의 원형을 드러내고 있음에
틀림없습니다.

특히 남대천 백사장에서 본격적으로 벌어지는 갖가지 단오제행사와 난장(亂場)은
'굿'으로서의 성격을 유감없이 발휘합니다. 풀림(놀이)과 조임(祭儀)을 적절히 배합하며
일상적 규범과 갈등으로부터 생활 전부를 송두리째 일탈시키는 거대한 해방공간을
마련함으로써 개인과 마을을 동시에 정화(淨化)하는 공동의 축제가 됩니다.

각박한 도시의 그늘에서 매일 낯선 사람들을 만나면서 키워온 경계심을 풀고
가설(架設)의 공간에서 '차별의 의상'을 벗게 합니다. 바로 이 점에서 강릉 단오제는
삶의 공간 그 자체를 잃고 항시 어디로 가야 할 것인가(know where)에 쫓기고 있는
우리들에게 진정으로 회복해야 할 것이 무엇인가를 돌이켜보게 합니다.

타인과의 관계를 최소화함으로써 단지 갈등을 회피하려고만 할 뿐 관계 그 자체의
건설에는 일절 관여하지 않으려는 '시민의식'의 왜소한 실상을 여지없이 드러냅니다.
사람과 사람의 관계가 커뮤니케이션의 차원으로 격하되고 커뮤니케이션은
다시 미디어의 문제로 귀착되는 '동굴(洞窟)의 이성(理性)'을 반성하게 합니다.

돌아오는 비행기에서 내려다보는 태백산맥은 이미 어둠에 묻혀 그 자취를 더듬을
길이 없어졌지만 강릉부사의 영지보다 더욱 너른 땅을 다스리고 있는 대관령 서낭신은
어쩌면 그 긴 팔을 뻗어 우리의 삶을 안아주는 태백산 그 자체일지도 모른다는
생각이 들었습니다.

평등은 자유의 최고치입니다
평등의 무등산

처음으로 무등산을 찾아간 날은 눈보라가 휘몰아치는 겨울이었습니다.
빙설로 덮여 있어 산행을 포기하고 다만 바라보기만 하려고 했지만 무등산은 그 모습을
보여주지 않았습니다. 두번째 무등산을 찾은 것은 오월의 새벽이었습니다.
칠흑의 어둠 속에 무등산은 잠겨 있었습니다. 어두운 산길을 부지런히 오르다
망월동묘역의 참배일정에 쫓기어 입석대 아래에서 내려오지 않을 수 없었습니다.
아쉬워하는 나에게 당신은 망월묘역에 참배하는 것이 곧 무등산에 오르는 것이라고
달랬습니다. 무등산을 무덤산이라고 불렀다고 했습니다.

다시 무등산을 찾은 것은 이번 장마 속의 아침입니다. 다행히 비는 피하였지만
이번에는 짙은 안개가 무등산을 보여주지 않았습니다. 어쨌든 무등산은 거기 있을
것이었습니다. 출입금지구역을 가로질러서 무등의 모습이 가장 잘 보이는 곳까지
올라갔습니다. 그리고 지척에 무등을 묻어두고 기다렸습니다. 이윽고 해가 뜨고 안개가
걷히면서 무등산이 드러나기 시작하였습니다. 적어도 내게는 빙설과 칠흑의 저편에서
그리고 안개 속에서 걸어나오는 참으로 어려운 산이었습니다. 해발 1,200미터에
가까운 높은 산임에도 불구하고 그 높이를 조금도 드러내지 않는 산이었습니다.
그리고 가장 인상적인 것은 능선(稜線)이었습니다.

무등의 능선은 아무 욕심 없이 하늘에 그은 한 가닥 선이었습니다.
완만하면서도 무덤덤한 능선은 무언(無言)의 메시지였습니다. 당신의 말처럼
무등산은 최고의 산이 아니라 무등(無等)의 산, 곧 '평등(平等)의 산'이었습니다.
하늘(天)과 땅(地)과 사람(人)이 평등하고 산과 들판이 평등하고
나무와 바위가 평등하다는 자연의 이치를 무등산은 이야기하고 있었습니다.

무등산은 하늘을 향하는 산이 아니라 땅을 거두는 산이었습니다. 자신을 하늘에
높이 솟구쳐 올리는 산이 아니라 기쁨도 아픔도 모두 안으로 간직하는 산이었습니다.
스스로 대지(大地)가 됨으로써 아픈 역사를 그윽히 안고 있는 산이었습니다.
백두대간과 호남정맥을 타고 걸어오다 잠시 멈추어 너른 벌판을 만들어놓고
조용히 바다를 바라보는 산이 무등산입니다. 삼한(三韓)에서부터 백제·후백제 그리고
고려·조선 시대를 거쳐 오늘에 이르는 그 긴 세월의 우여곡절 속에서 모든 좌절한
사람들의 한(恨)을 갈무리하고 있는 역사의 덩어리였습니다. 과연 무등산 자락에는
곳곳에 사림(士林)의 고고한 뜻이 묻혀 있고 우국지사의 울분이 묻혀 있는가 하면
유랑의 시인이 한많은 그의 생을 이곳에서 거두고 있었습니다.
그러나 그러한 '한'(恨)이 한으로 응어리져 있지 않고 어느 것이나 빛나는 예술로
승화되고 있습니다. 그리고 이러한 예술적 정화(精華)는 역사의 격동기에 인내천의
평등사상으로, 식민지의 해방사상으로 그리고 군사독재의 총검에 맞서는 민주의 실체가
되어 역사 무대의 한복판으로 걸어나오는 것이었습니다. 이것이 무등산의 너른 품이고
무등산의 무게입니다.

당신은 무등산에 묻힌 역사를 읽을 것이 아니라 우리 시대의 무등산이

어떤 의미를 갖는가에 대하여 생각해야 한다고 하였습니다.

나는 다시 짙은 안개 속으로 사라져버린 무등산을 마주하고 앉아서 생각했습니다.

무등산은 이미 그 이름으로 우리에게 그것을 이야기해주고 있는지도 모릅니다.

'평등의 산'.

이것이 우리가 이끌어내야 하는 무등산의 의미라고 생각합니다. 평등은 단지 '차별의

철폐'에 그치는 것이 아니라 평등이야말로 '자유의 최고치(最高値)'이기 때문입니다.

궁핍으로부터의 자유, 무지와 질병으로부터의 자유를 위하여 우리는 얼마나 오랜

역사를 살아왔는지 모릅니다. 그러나 그것을 추구하는 방법과 방향에 있어서

우리는 실패하고 있는지도 모릅니다. 더 많은 자유는 언제나 더 큰 구속과 불평등을

동반함으로써 자유의 의미를 회의하게 해왔기 때문입니다. 그리고 앞으로 얼마나 더

많은 것을 소비하고 얼마나 더 많은 것을 소유해야 이러한 것들로부터 자유로울 수

있을지 가늠할 수 없기 때문입니다. 더구나 예술과 문화소비마저 사회적 차별을

정당화하는 수단이 되고 있을 뿐 아니라 욕구 그 자체를 끊임없이 생산해내는

자본운동 속에서 우리의 자유는 언제나 더 큰 욕구 앞에서 목마를 수밖에 없기

때문입니다.

사회발전의 원리에 대한 새로운 패러다임이, 자유와 행복의 원리에 대한 발상의 전환이

요구되고 있는 현실이 그것이라고 믿습니다.

나는 그런 점에서 평등이 자유의 최고치라는 당신의 말을 믿습니다.

생각하면 이것은 '타인의 행복'을 자신의 '행복의 조건'으로 받아들이는
평범한 양식(良識)에 다름 아닌 것입니다.
그런 의미에서 평등은 자유의 실체이며 내용입니다. 자유는 양적 접근으로서는
도달할 수 없는 신기루일 뿐입니다.

당신은 무등산의 완만한 능선이 불평등에 대한 역설이고 풍자라고 하였습니다.
'미운 놈에게 떡 한 개 더 주라'는 속담을 당신은 기만이라고 했습니다.
떡 한 개를 더 주는 것이 결코 +α가 아니라고 하였습니다.
그것은 지금까지 누적되어온 마이너스의 해소에도 못 미치는 것이라고 하였습니다.
그러나 우리는 무등산을 작게 읽어서는 안된다고 생각합니다.
무등산이 안고 있는 것이 좌절의 한이 아님은 물론이고 무등산이 들려주는
무언의 메시지 역시 떡 한 개의 작은 사랑이 아닙니다.
불평등구조 그 자체를 해소하지 않는 한 그곳이 어디이건 마이너스는 계속
누적될 것임에 틀림없습니다.
무등산이 결코 하늘에 치솟지 않고 그 덤덤하고 완만한 능선을 그어 보이는
이유를 생각하여야 하리라고 믿습니다. 그야말로 빛고을의 무등입니다.
대명무사조(大明無私照).
햇빛은 결코 사사롭게 비추는 법이 없기 때문입니다.

나는 결국 짙은 안개 속에 무등산을 묻어두고 내려오지 않을 수 없었습니다.

내가 마지막으로 무등산을 뒤돌아보았을 때였습니다.

무등산은 안개 속에서 움직이고 있었습니다. 무등산은 어느새 자욱한 안개 속에서 빠져나와 백마능선을 일으켜 흰 갈기 바람에 날리며 지리산을 지나 백두대간을 향하여 달려가고 있었습니다.

우리의 삶을 훌륭한 예술품으로 훈도해줄 가마는 없는가
이천의 도자기 가마

 도자기 고을 이천에 살고 있는 친지가 가마에 불을 지폈다는 소식을 듣고 길을 나섰습니다. 인후리의 산골짜기에 있는 그의 가마에는 흙으로 만든 백두대간(白頭大幹)이 익어가고 있었습니다. 길이가 10미터, 높이가 2미터, 소요된 흙이 10톤에 달하는, 도자기가 아니라 작은 산맥이었습니다. 백두산에서 시작하여 금강산·설악산·지리산을 거쳐 다도해에 이르는 우리나라의 등뼈를 굳히고 있었습니다. 작품이 워낙 크기 때문에 경사진 언덕에 먼저 작품을 놓고 그 위로 벽돌로 가마를 짓고 다시 흙을 덮어서 만든 구릉 모양의 오름가마(登窯)였습니다. 도자기란 글자(陶)가 구릉(阝)에 굴(勹)을 파고 그 속에 그릇(缶)을 굽는 모양임을 그대로 보여주고 있었습니다.

흙일을 흔히 '점질'이라 하여 낮추어 부르고 있지만 문화란 원래 '삶의 형식'입니다. 문(文)이란 무늬를 뜻하는 것이며 문화란 삶의 무늬에 지나지 않는 것이라 할 수 있습니다. 그런 점에서 우리들의 생활 속에 깊숙이 자리잡아온 이 질그릇의 세계는 우리의 문화와 삶을 가장 진솔하게 담고 있는 것이라고 할 수 있을 것입니다.

백두대간이 익어가는 경기도 이천시 신둔면 인후리 요산요. 오늘 도자기 가마 앞에 앉아 가장 먼저 깨닫는 것이 바로 문화와 삶에 대한 반성입니다.

오늘 이천으로 내려오는 길이 내게는 마치 잃어버린 장독대를 찾아나서는 감회를 안겨주기도 하였습니다. 나는 당신이 그 긴 유랑을 끝내고 흙으로 돌아온 이유를 알 것 같았습니다. 자연과의 거리가 곧 '문화' 의 높이로 여겨지는 세태에 아랑곳하지 않고 흙으로 돌아와 백두대간을 만들고 있는 당신의 모습에서 나는 도자기가 단지 밥을 담는 그릇을 넘어서 우리의 꿈을 담고 있다는 당신의 철학을 이해할 수 있었습니다.

상감청자(象嵌青瓷)의 운학문(雲鶴紋)에서 우리는 그 시대가 찾아가던 꿈을 읽을 수 있고 백자의 담백한 기품에서 당시의 사람들이 지키고자 하였던 소박한 삶의 내면을 읽을 수 있습니다. 그것은 그릇이면서 동시에 그릇 이상임에 틀림없습니다.

실용과 현실이되 그 속에 꿈과 이상을 담고 있는, 진정한 문화의 어떤 전범(典範)이 거기에 있습니다. 오늘 아궁이 앞에 앉아 가장 먼저 깨닫는 것이 바로 문화와 삶에 대한 반성입니다.

두번째로 깨닫게 되는 것은 도자기의 제작과정에서 키워온 과학과 그 과학에 대한 반성입니다.

도자기는 흙과 나무와 불에 대한 이해와 경험을 생명으로 하고 있는 철저한 과학입니다. 물에 섞으면 빚을 수 있지만(可塑性), 불에 구우면 돌처럼 굳어지면서(固化性) 유리질이 나타나는 흙의 성질, 곧 태토(胎土)의 성질에 대한 이해가 앞서야 합니다.

흙이 녹아내리지 않고 견딜 수 있는 온도, 나타나는 색상 그리고 철·동·코발트 등의 안료에 대한 과학적인 이해가 월등해야 합니다.

더구나 초벌구이에 씌우는 유약(釉藥, glaze)에 이르면 그것을 얻기까지의 삼엄한 실험정신에 절로 숙연해지지 않을 수 없게 됩니다.

백두대간의 제작에도 구운 후의 색상과 수축하는 정도를 면밀히 계산해야 하는 상감기법이 채용되고 있음은 물론이고 오름가마의 설계는 열역학과 기체역학에 관한 이해가 없이는 불가능한 것이라 하였습니다.

이처럼 철저한 과학 위에 서 있으면서도 결국 '불맞이 굿'이라는 일견 비과학적 사고를 배제하지 않고 있는 태도가 내게는 귀중한 교훈이었습니다. 이러한 태도는 과학에 대한 참된 이해를 바탕에 깔고 있다고 생각되기 때문입니다.

불길의 경로와 온도의 변화, 도자기와 가마가 이루어내는 가마 속의 복잡한 곡면(曲面) 그리고 그 곡면 속에서 일어나는 무궁한 변화와 우연에 대하여 과학이 관여할 수 있는 부분은 그리 대단한 것이 못됩니다. 뿐만 아니라 기온·습도·바람 등 과학이 예측해낼 수 없는 과학 이상의 웅장한 세계가 엄존함을 받아들이지 않을 수 없게 됩니다. 사람이 자연에 관여하는 상한(上限)은 결국 사람이 할 수 있는 도리를 다한 다음 결과를 기다리는(盡人事待天命) '정성'과 겸손함일 것입니다. 필연(必然)과 절대(絶對)와 신념(信念)이라는 정신사(精神史)의 오만을 반성하지 않을 수 없게 됩니다. 왜냐하면 '자연이 가장 잘 알고 있기' 때문입니다.

세번째로 깨닫게 되는 것은 예술이란 과연 무엇인가 하는 반성입니다. 이것은 과학에 대한 반성과 무관하지 않은 것이지만 나는 익어나오는 도자기를 한 줄로 늘어놓고 마음에 들지 않는 것을 가차없이 망치로 깨트리는 행위에 회의를 품지 않을 수 없습니다. 그것을 일컬어 엄정한 작가정신이라고 하기에는 자연과 예술에 대한 이해가 협소하다는 생각을 떨쳐버리기 어렵습니다. 조선조 초기에도 가마에서 나오는 완성품을 놓고 깨트릴 것인가 말 것인가를 감별하는 파기장(破器匠)이라는 직책이 있었다고 합니다. 그러나 그것은 주로 관청의 소용이라는 실용적이고 기술적인 기준에서 요구되었던 것일 뿐 엄격한 예술적 재단은 아니었다고 생각됩니다. 망치를 들고 깨트리는 이른바 작가정신을 당신은 예술에 대한 오해라고 하였습니다. 어쩌면 그러한 태도는 자기의 감각에 탐닉하는 것이며 예술이나 작가정신이라는 분식(粉飾) 속에 감추어진 오만이고 유희인지도 모릅니다.

자연에 대한 과학의 위상과 마찬가지로 모든 예술작품에 대한 작가 개인의 역할에 대한 반성이 없기 때문입니다. 이러한 태도가 문화와 예술을 우리의 삶으로부터 유리시키고 결국은 예술과 문화가 '문화자본'(文化資本)으로 전화되어 도리어 우리를 소외시키는 역기능을 하게 된다고 믿습니다.

비뚤어진 것은 그것이 있을 곳을 찾아주고, 깨어진 것은 다시 때우고 고치는 것이 더 큰 예술일 수 있다는 합의가 아쉽다는 생각을 금치 못합니다. 나는 가마 앞에 앉아서 생각했습니다. 그 속에서 살아가고 있는 우리와 우리들의 삶을 저마다 훌륭한 예술품으로 훈도(薰陶)해주는 커다란 가마는 없는가?

역사는 과거로 떠나는 여정이 아니라
현재의 과제로 돌아오는 귀환입니다
꿈꾸는 백마강

'부여에는 상상력을 가지고 오세요.'

나는 당신의 전화를 받고 빈약한 나의 상상력을 내심 걱정했습니다. 그러나 비 내리는 구드래나루에 서자 상상력을 가지고 오라던 당신의 주문은 불필요한 것이었다고 생각되었습니다. 비에 젖은 낙화암을 바라보는 것만으로도 백제의 역사가 선연히 떠오르기 때문입니다.

더구나 다른 왕조의 수도와는 달리 곳곳에 패망의 상흔이 지금도 그대로 남아 있는 부소산성에서는 아무리 상상력이 빈약한 목석이라도 가슴속으로 흘러드는 그 애절한 사류(史流)에 젖지 않을 도리가 없기 때문입니다.

그러나 문득 역사란 과거로 떠나는 여정이 아니라 현재의 과제로 돌아오는 '귀환'(歸還)이라는 당신의 글귀가 떠오르면서 당신이 주문한 상상력은 그런 것이 아니리라는 생각이 들었습니다.

만주벌판의 광활한 부여땅을 잃고 쫓기고 쫓기며 이어져온 유민(流民)의 나라 백제의 600년은 과연 우리에게 누구의 운명을 이야기해주고 있는가를 상상하라는 주문이었는지도 모릅니다.

고구려·신라·백제의 3국 가운데 유일하게 천손시조(天孫始祖)를 갖지 못하고
서자(庶子)를 시조로 한 나라가 백제입니다. 서자인 비류(沸流)와 온조(溫祚)는
동명왕의 원자(元子)에게 쫓겨나 한강가의 위례성에 나라를 세울 수밖에 없었고
그곳마저 지키지 못하고 다시 웅진으로 도읍을 옮기고 마지막으로 이곳 사비(泗沘)로
내려와 재기를 다짐하지만 결국 나당(羅唐)연합군의 침공으로 쓰러져갑니다.
백마강에는 그 마지막 123년의 세월이 말없는 강물이 되어 흘러가고 있습니다.
유람선이라는 마뜩찮은 이름의 뱃전에 앉아 다가간 백마강과 낙화암은 그 비극의 절정을
지금도 선명하게 보여주고 있습니다.

당신은 3천 궁녀는 궁녀가 아니라 대부분이 쫓기고 쫓기던 병사와
민초(民草)들이라고 하였습니다. 낙화암의 3천 궁녀 전설은 애절할 정도의 아름다운
전설이지만 그것은 패배한 의자왕의 사치와 방탕을 조명하기 위한 교묘한 각색이라고
하였습니다.
출진에 앞서 자기의 손으로 처자식의 목을 벤 계백(階伯) 장군의 비장하지만 잔혹한
결단을 겨냥한 비난에 대해서도 잔혹하기는 오히려 어린 관창(官昌)을 희생의 제물로
삼아 신라군의 사기를 돋운 김유신(金庾信)의 책략이 더하다고 할 수 있을 것입니다.

백제가 남긴 성(城)의 가장 큰 특징은 그것이 방어를 위한 성이라는 사실입니다.
그리고 백제고분벽화의 특징 역시 온화하고 부드러운 선에 있다는 당신의 지적은
백제인들이 지켜온 삶의 원리가 무엇이었는가를 짐작케 합니다.
이러한 백제의 성과 벽화는 분명 평화로운 삶을 갈구하던 가난한 민초들의 소망을
상징하고 있는 것임에 틀림없습니다.

그러나 이곳 부여는 격정의 땅이었습니다. 강력한 왕권을 수립하기 위하여
6좌평(佐評)으로 대표되는 지배귀족세력을 제거하고 힘에 겨운 토목공사를 일으킨
권위의 땅이었으며 고구려·신라와 각축하면서 빼앗기고 빼앗기를 거듭하던
배반과 보복, 승리와 패배의 악순환으로 얼룩진 불행한 시절이었습니다.
수많은 사람이 쫓기고 쫓기다 최후의 지점인 절벽에서 몸을 던지지 않을 수 없었던
땅이며 자기의 손으로 처자식의 목을 베어야 했던 비극의 자리입니다.

그러나 이 스산한 고도(古都)에서 우리가 하는 일이 고작 비극을 미화하는
감상(感傷)에 그쳐서는 안된다고 생각합니다.
감상은 표면에 대한 감성(感性)일 뿐입니다.
중요한 것은 비극미(悲劇美)의 조명이 아니라 승리든 패배든 그 이후에
직면하지 않을 수 없었던 더 큰 비극에 대한 조명이라고 생각합니다.
삼국의 쟁패와 통일을 통하여 우리가 얻은 것은 아무것도 없으며 유일한 승자는
어부지리(漁父之利)를 챙긴 당나라였다는 사실에 주목해야 할 것입니다.

수많은 인명이 살상되거나 포로로 잡혀가고 광활한 영토를 잃어버린 거대한 상실에
주목하여야 할 것입니다. 새로운 지배자로 들어앉은 외세를 물리치기 위하여
혈흔이 채 마르지도 않은 창검을 들고 또다시 전장을 달려야 했던 민초들의 비극에
초점이 맞추어져야 하리라고 생각됩니다. 그 어리석은 민족사의 복판에서
백제의 패망이 조명되고 민족의 비극이 반성되어야 할 것입니다.
무모한 격정이 낳은 소탐대실(小貪大失)의 어리석은 역사를 뉘우치지 않는 한 백마강의
비극은 더 이상 과거의 것이 아니라 할 수 있습니다. 왜냐하면 '백제의 역사는 엊그제
그끄제에 있기' 때문입니다.
지금도 8월이 되면 유왕산(留王山)에는 제를 올려 당나라로 압송되던 왕과
1만 수천여 포로들의 기억을 되살리고 있습니다. 이것이 백제땅에서 파내어야 할 진정한
유적이며 교훈이라고 믿습니다.

나는 비 내리는 백마강을 오르내리며 당신이 가지고 오라던 상상력이 어떤 것이었는지를
알 것 같았습니다. 남아 있는 유적들을 조립하여 과거를 복원하는 상상력이 아니라
그 과거의 모습으로부터 현재를 직시하고 다시 현재의 연장선상에서 미래를 향하여
우리의 시야를 열어나가는 상상력임을 깨닫게 됩니다.

유유히 흐르는 백마강 물길도 겉으로 보기에는 잠든 듯 무심하지만

말없는 강물을 따라 흘러가보면 수많은 민초들의 한(恨)을

알알이 작은 금모래로 부수어 굽이굽이 백사장에 갈무리해두고 있음을 알 수 있습니다.

천오백 년의 세월을 흘러와서 쉬지 않고 미래로 흘러가고 있음을 알 수 있습니다.

'향그러운 흙가슴만 남고 모든 쇠붙이는 가라' 는 시인의 목소리를 들을 수 있습니다.

백마강에 누워 있는 백마를 그려 보냅니다. 언젠가 서러운 강물을 박차고 일어나

평화로운 광야를 달려올 날을 목놓아 기다리는 당신에게 보냅니다.

그리고 쫓기고 쫓기다 최후의 절벽에서 꽃이 된 산유화(山有花)의 영혼을 그려 보냅니다.

강물의 끝과 바다의 시작을 바라보기 바랍니다
철산리의 강과 바다

당신은 바다보다는 강을 더 좋아한다고 하였습니다. 강물은 지향하는 목표가 있는 반면 바다는 지향점을 잃은 물이라는 것이 그 이유였습니다.

오늘 한강 하구(河口)에 서서 당신의 강물을 생각합니다. 그렇습니다. 강물은 목표를 향하여 끊임없이 나아가는 물임에 틀림없습니다. 골짜기와 들판을 지나 바다에 이르기까지 참으로 숱한 역사를 쌓아가는 살아 있는 물입니다. 절벽을 만나면 폭포가 되어 뛰어내리고 댐에 갇히면 뒷물을 기다려 다시 쏟아져내리는 치열한 물입니다.

이처럼 치열한 강물과는 달리 바다는 더 이상 어디로 나아가지 않는 물입니다. 바다로 나와버린 물은 아마 모든 의지가 사라져버린 물의 끝인지도 모릅니다.

나는 당신에게 보내는 마지막 엽서를 들고 먼저 한강과 임진강이 만나는 통일전망대를 찾아왔습니다. 태백산에서 시작하여 굽이굽이 천리길을 이어온 한강과 마식령산맥에서부터 오백리길을 흘러온 임진강이 서슴없이 서로 몸을 섞으며 바다로 향하고 있었습니다.

나는 다시 물길을 따라 강화도의 월곶리에 있는 연미정(燕尾亭)으로 왔습니다.

마침 밀물 때를 만난 서해의 바닷물이 강화해협을 거슬러
이 두 물을 마중 나오고 있었습니다. 드넓은 강심에는 인적 없는 유도(流島)가
적막한 DMZ 속에서 잠들어 있고 기다림에 지친 정자가 녹음 속에 늙어가고 있었습니다.

다시 강안(江岸)을 따라 강화의 북쪽 끝인 철산리(鐵山里) 언덕에 올랐습니다.
이곳은 멀리 개성의 송악산이 바라보이고 예성강물이 다시 합수하는 곳입니다.
생각하면 이곳은 남쪽땅을 흘러온 한강과 휴전선 철조망 사이를 흘러온 임진강 그리고
분단조국의 북녘땅을 흘러온 예성강이 만나는 곳입니다. 파란만장한 강물의 역사를
끝마치고 바야흐로 바다가 되는 곳입니다. 참으로 많은 것을 생각하게 하고 일깨우는
곳입니다. 멀리 유서 깊은 벽란도(碧瀾渡)의 푸른 솔이 세 강물을 배웅하고 있습니다.

나는 오늘 이곳 철산리에서 바다의 이야기를 당신에게 띄웁니다.
당신이 내게 강물을 생각하라고 하듯이 나는 당신에게 바다의 이야기를 담아 엽서를
띄웁니다. 바다로 나온 물은 이제 한강도 임진강도 예성강도 아닌 바다일 뿐입니다.
드넓은 하늘과 그 하늘의 푸름을 안고 있는 평화로운 세계일 뿐입니다.

나는 당신이 강물을 사랑하는 까닭을 모르지 않습니다. 그러나 생각하면 강물은
고난의 시절입니다. 강물은 목표를 향해 달리는 물이되 엎어지고 갇히고 찢어지는
고난의 세월을 살아갑니다. 우리의 역사에서도 한강과 임진강·예성강 유역은
삼국이 서로 창검을 겨누고 수없이 싸웠던 전장(戰場)입니다. 지금도 임진강은
휴전선 철조망에 옆구리를 할퀸 몸으로 이곳에 당도하고 있습니다.

생각하면 강물의 시절은 이념과 사상과 이데올로기의 도도한 물결에 표류해온 우리의 불행한 현대사를 보여주고 있는지도 모릅니다. 인간의 존엄이 망각되고 겨레의 삶이 동강난 채 증오와 불신을 키우며 우리의 소중한 역량을 헛되이 소모해온 부끄러운 자화상을 보여주고 있는지도 모릅니다.

그러나 이곳 철산리 앞바다에 이르러서는 암울한 강물의 시절도 그 고난의 장을 마감합니다.
당신의 말처럼 이제 더 이상 목표를 향하여 달리는 물이 아닙니다.
한마디로 바다가 됩니다. 달려야 할 목표가 없다기보다 달려야 할 필요가 없습니다.
이곳은 부질없었던 강물의 시절을 뉘우치는 각성의 자리이면서 이제는
드넓은 바다를 향하여 시야를 열어나가는 조망의 자리이기도 합니다.
돌이켜보면 강물의 치열함도 사실은 강물의 본성이 아니라고 생각됩니다. 험준한 계곡과 가파른 땅으로 인하여 그렇게 달려왔을 뿐입니다. 강물의 본성은 오히려 보다 낮은 곳을 지향하는 겸손과 평화인지도 모릅니다. 강물은 바다에 이르러 비로소 그 본성을 찾은 것이라 할 수 있습니다. 바다가 세상에서 가장 낮은 물이며 가장 평화로운 물이기 때문입니다.
바다는 가장 낮은 물이고 평화로운 물이지만 이제부터는 하늘로 오르는 도약의 출발점입니다. 자신의 의지와 자신의 목표를 회복하고 청천하늘의 흰구름으로 승화하는 평화의 세계입니다. 방법으로서의 평화가 아니라 최후의 목표로서의 평화입니다.

평화는 평등과 조화이며 평등과 조화는 갇혀 있는 우리의 이성과 역량을 해방하여 겨레의 자존(自尊)을 지키고 진정한 삶의 가치를 깨닫게 함으로써 자기(自己)의 이유(理由)로 걸어갈 수 있게 하는 자유(自由) 그 자체입니다.

당신에게 띄우는 마지막 엽서를 앞에 놓고 오랫동안 망설이다가 엽서 대신 파란 색종이 한 장을 띄우기로 하였습니다.

나는 당신이 언젠가 이곳에 서서 강물의 끝과 바다의 시작을 바라보기 바랍니다.

그리고 당신이 받은 색종이에 담긴 바다의 이야기를 읽어주기를 바랍니다.

그동안 우리의 국토와 역사의 뒤안길을 걸어왔던 나의 작은 발길도 생각하면 바다로 향하는 강물의 여정이었는지도 모릅니다.

나는 마지막 엽서를 당신이 내게 띄울 몫으로 이곳에 남겨두고 떠납니다.

강물이 바다에게 띄우는 이야기를 듣고 싶기 때문입니다.